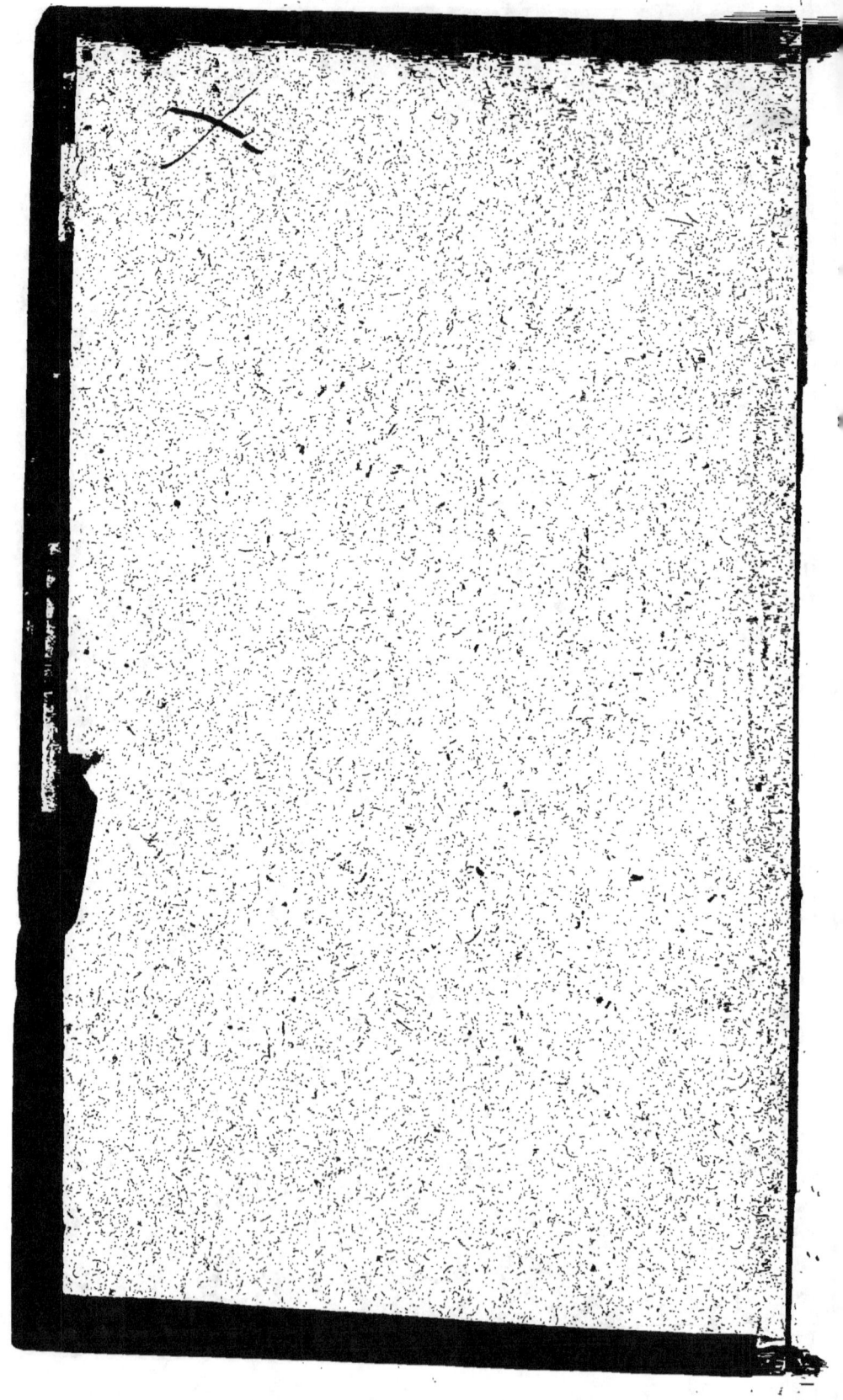

MANUEL
DU
JEUNE ORTHOGRAPHISTE
OU
VOCABULAIRE

DES MOTS A DIFFICULTÉS ORTHOGRAPHIQUES, RANGÉS PAR ORDRE
ALPHABÉTIQUE, ET DISTINGUÉS SELON LEUR USAGE
PLUS OU MOINS FAMILIER;

PAR A. BONIFACE,
INSTITUTEUR.

SECONDE ÉDITION.

PRIX : 75 CENTIMES.

PARIS
CHEZ L'AUTEUR,
RUE DE TOURNON, N. 33;
CHEZ L. COLAS, LIBRAIRE,
RUE DAUPHINE, N. 32.
1830

AUTRES OUVRAGES DE L'AUTEUR.

Manuel des amateurs de la langue française, contenant des solutions sur les principales difficultés de la langue française; seconde édition. 1 fort vol. in-8. Prix : 7 fr.

Introduction a l'étude de la géographie, comprenant des notions d'histoire naturelle, les définitions des principaux termes de géographie, et un *Traité élémentaire d'astronomie*. In-12, avec 8 planches. Prix : 4 fr.

Lecture graduée, ouvrage dans lequel l'auteur, en présentant graduellement les difficultés de la lecture, en a simplifié l'étude. Deux parties in-8, seconde édition. Prix : 3 fr.

Grammaire française, méthodique et raisonnée, rédigée d'après un nouveau plan, fondée sur un grand nombre de faits et sur l'autorité des grammairiens les plus connus; ouvrage dont le but est de faciliter l'enseignement et l'étude de la langue française. 1 vol. in-12, seconde édition. Prix : 2 fr. 50 c.

Traité d'orthographe absolue, dite d'usage, comprenant un certain nombre de règles au moyen desquelles on peut orthographier la plupart des mots de la langue française. Prix : 70 c.

Guide pratique de l'arithméticien, contenant près de 6,000 opérations graduées sur toutes les parties de l'arithmétique; ouvrage composé d'après *Bezout, Lacroix, Reynaud, Bourdon*, etc. Prix : 5 fr.

PARIS. — IMPRIMERIE DE J. TASTU,
Rue de Vaugirard, n. 36.

INTRODUCTION.

L'orthographe dite d'usage présente de telles difficultés qu'on ne l'acquiert généralement que par une longue habitude ; encore est-il peu de personnes, instruites d'ailleurs, qui la sachent parfaitement.

Le but de ce MANUEL est de faire acquérir cette orthographe par la seule pratique.

Cet opuscule présente donc une série de mots à difficultés, qu'on fera lire, épeler et copier jusqu'à ce que l'orthographe en soit familière.

Voici le plan que j'ai adopté dans la nomenclature, qui a dû nécessairement être bornée.

1° Je n'y ai fait entrer que ceux des dérivés qui pouvaient présenter quelque difficulté relativement à l'étymologie ; ainsi l'on y trouve *bacchanal* (bruit) et *bacchante*, et non *appartenance*, *amorcer*, etc., qui dérivent évidemment d'*appartenir*, *amorce*, mots qui font partie de cette nomenclature.

2° Je n'ai pas non plus cité les mots dont la dérivation indique suffisamment l'orthographe, comme *grand*, *petit*, *champ*, *chant*, etc.

3° Quand il s'est présenté un homonyme, je l'ai fait suivre d'un ou de plusieurs mots qui en déterminent le sens, comme autel *consacré* ; hôtel, *maison*.

Les mots entre deux parenthèses doivent précéder ceux auxquels ils servent d'explication, comme : balais (*rubis*).

4° J'ai cité quelques mots tels que *café*, *cravate*, *bière*, etc., qui ne présentent point de difficultés orthographiques, mais qu'on voit souvent mal écrits.

5° J'ai cru devoir mettre aussi les mots que l'analogie ou la dérivation porterait à mal orthographier, comme *clientèle*, *comète*, *brelan*, etc.

6° Les mots les moins usuels et dont la connaissance n'est pas la première à acquérir, sont précédés d'un ou de deux astérisques ; on peut se dispenser de les faire d'abord apprendre.

7° Les mots les plus usuels, ceux sur lesquels on doit d'abord exercer les élèves, sont précédés d'un point.

Dans cette nomenclature, il y a des mots que j'ai cru de-

INTRODUCTION.

voir omettre, et d'autres sans doute que j'ai oubliés; mais ils doivent être en petit nombre.

Il faut savoir l'orthographe initiale d'un mot pour le trouver dans un dictionnaire; aussi les enfants, ainsi que les personnes qui ignorent cette orthographe, sont-ils souvent fort embarrassés pour trouver un mot. J'ai remédié à cet inconvénient, en indiquant au bas de la page les syllabes homonymes auxquelles il faut avoir recours. Cette heureuse amélioration met ce Manuel à la portée des plus ignorants, entre les mains desquels un dictionnaire est presque toujours un instrument inutile.

Pour l'enseignement de l'orthographe relative (c'est-à-dire de l'orthographe grammaticale) on peut tirer un excellent parti de ce Manuel.

1° *Pour le pluriel des substantifs*, on dicte des phrases courtes où figurent les substantifs les plus usuels de cet ouvrage.

2° *Pour l'accord de l'adjectif,* on choisit de même des adjectifs familiers qu'on fait entrer dans des phrases où ils se trouvent en concordance avec des substantifs.

3° *Pour la conjugaison*,

1° On choisit six verbes qu'on fait conjuguer ensemble de manière à ne présenter que l'étendue d'un seul.

2° On fait mettre à telle personne et à tel nombre une série déterminée de verbes.

3° Enfin on fait des dictées où figurent à un mode déterminé les principaux verbes de cet ouvrage.

Dans tous ces exercices, on doit astreindre l'élève à corriger lui-même ses fautes, en lui fesant chercher les mots dans son Manuel, et en appelant sans cesse son attention sur l'application des règles grammaticales.

On ne se fait pas idée des avantages qu'on peut retirer de tels exercices, surtout s'ils sont multipliés et convenablement gradués.

AVIS.

Les professeurs qui font usage de la *Cacographie* trouveront chez le même libraire une petite brochure renfermant les mots de ce Manuel exactement écrits d'après leur prononciation.

MANUEL
DU JEUNE ORTHOGRAPHISTE

ou

VOCABULAIRE DES MOTS A DIFFICULTÉS ORTHOGRAPHIQUES.

ABRÉVIATIONS : *s.*, substantif ; *adj.*, adjectif ; *adj. num.*, adjectif numéral ; *pron.*, pronom ; *v.*, verbe ; *adv.*, adverbe ; *prép.*, préposition ; *conj.*, conjonction ; *excl.*, exclamation.

Pour l'explication des points et des astérisques, voyez l'*Introduction*.

A

AB

. abaisser, *v.*
abasourdir, *v.*
*abatage, *s. m.*
abatis, *s. m.*
. abat-jour, *s. m.*
. abattre, *v.*
*abbatial, *adj.*
abbaye, *s. f.*
. abcès, *s. m.*
abécédaire, *s. m.*
**abdomen, *s. m.*
. abhorrer, *v.*
. abime, *s. m.*
abject, *adj.*
. abonner, *v.*
. abri, *s. m.*
. absence, *s. f.*
Voyez ha

AB, AC

. absinthe, *s. f.*
. abstinence, *s. f.*
abstrait, *adj.*

20

acabit, *s. m.*
. acacia, *s. m.*
. académicien, *s. m.*
*acanthe, *s. f.*
. acariâtre, *adj.*
. accabler, *v.*
accaparer, *v.*
accéder, *v.*
accélérer, *v.*
. accent, *s. m.*
. accepter, *v.*
. accès, *s. m.*
Voyez ha

1

accessit, *s. m.*
accessoire, *adj.* et *s.*
. accident, *s. m.*
acclamation, *s. f.*
acclimater, *v.*
accolade, *s. f.*
. accommoder, *v.*
. accompagner, *v.*

40

. accomplir, *v.*
. accord, *union*, *s. m.*
accoster, *v.*
accoter, *v.*
. accoucher, *v.*
accoupler, *v.*
. accourcir, *v.*
. accourir, *v.*
accoutrer, *v.*
. accoutumer, *v.*
accréditer, *v.*
. accroc, *s. m.*
accroire, *v.*
. accroître, *v.*
accroupir (*s'*), *v.*
. accueil, *s. m.*
*acculer, *v.*
accumuler, *v.*
accusatif, *s. m.*
. accuser, *v.*

60

**acenser, *v.*
**acéphale, *adj.*
*acerbe, *adj.*
*acéré, *adj.*
*acétate, *s. m.*

. achat, *s. m.*
*achoppement, *s. m.*
**achromatique, *adj.*
. acide, *adj.* et *s.*
. acier, *s. m.*
*acolyte, *s. m.*
*acoquiner, *v.*
. acquérir, *v.*
**acquêts, *s. m. pl.*
acquiescer, *v.*
. acquitter, *v.*
âcreté, *s. f.*
actionnaire, *s. m.*
. addition, *s. f.*
adhérence, *s. f.*

80

adhésion, *s. f.*
adjacent, *adj.*
. adolescent, *s. m.*
. adoucir, *v.*
. adversaire, *s. m.*
*aérolithe, *s. f.*
*aéronaute, *s. m.*
*aérostat, *s. m.*
. affable, *adj.*
affadir, *v.*
. affaiblir, *v.*
. affaire, *s. f.*
affaisser, *v.*
. affamer, *v.*
. affecter, *v.*
affermer, *v.*
. affermir, *v.*
*afféterie, *s. f.*
. afficher, *v.*

Voyez ha

AF, AG

affidé, *adj.* et *s.*

100

affiler, *v.*
affiner, *v.*
affiquet, *s. m.*
. affirmer, *v.*
. affliction, *s. f.*
affluence, *s. f.*
*affoler, *v.*
*affourcher, *v.*
. affranchir, *v.*
**affres, *s. f.*
. affreux, *f.* affreuse, *adj.*
affriander, *v.*
*affrioler, *v.*
. affront, *s. m.*
affubler, *v.*
. affût, *s. m.*
afin *que,* conj.
afistoler, *v.*
. africain, *adj.*
. agacer, *v.*

120

. âge, *s. m.*
agenda, *s. m.*
agent, *s. m.*
*agglomérer, *v.*
*agglutiner, *v.*
aggraver, *v.*
*agio, *s. m.*
. agneau, *s. m.*
. agrafe, *s. f.*
*agraire, *adj.*
*agrès, *s. m. pl.*
agression, *s. f.*

AG, AH, AI, AL 3

agripper, *v.*
. aguerrir, *v.*
. ahurir, *v.*
ahi! *excl.*
aider, *v.*
. aïeul, *s. m.*
**aiguayer *du linge,* *v.*
. aigle, *s. m.* et *f.*

140

. aigre, *adj.*
aigrette, *s. f.*
. aigu, *f.* aiguë, *adj.*
. aiguille, *s. f.*
ail, *pl.* aulx, *s. m.*
. aile *d'oiseau, s. f.*
. ailleurs, *adv.*
. aimable, *adj.*
. aimant, *s. m.* et *adj.*
. aimer, *v.*
*aine, *s. f.*
. aîné, *adj.*
. ainsi, *adv.*
. air *pur, s. m.*
. airain, *s. m.*
aire *plane, s. f.*
. ais, *s. m.*
. aise, *adj.* et *s.*
aisselle, *s. f.*
alambic, *s. m.*

160

alarme, *s. f.*
albâtre, *s. m.*
*albinos, *s. m.*
. album, *s. m.*
*alcohol, *s. m.*

Voyez ha, he, e

*alcyon, s. m.
alêne, outil, s. f.
. alentours (les), s. m.
alèze, s. f.
*alezan, adj.
*alguazil, s. m.
aligner, v.
. alimentaire, adj.
*aliquote, adj.
*alizé, adj.
*alkermès, s. m.
. allaiter, v.
allécher, v.
alléger, v.
allégorie, s. f.

180

allégresse, s. f.
alléguer, v.
alléluia, s. m.
. allemand, adj. et s.
. aller, v.
*alleu (franc), s. m.
allier, v.
allouer, v.
. allumer, v.
allure, s. f.
allusion, s. f.
. almanach, s. m.
aloès, s. m.
. alonger, v.
. alors, adv.
aloyau, s. m.
. alphabet, s. m.
*amadis, s. m.
*amarrer, v.
Voyez ha

amazone, s. f.

200

. ambassadrice, s. f.
. ambitieux, adj.
ambulance, s. f.
amen, s. m.
. amende, peine, s. f.
amender, v.
. amer, f. amère, adj.
. américain, adj.
améthyste, s. f.
*amidonier, s. m.
amirauté, s. f.
. amitié, s. f.
*ammoniac, adj.
. amollir, v.
amonceler, v.
. amorce, s. f.
. amphibie, adj.
amphibologie, s. f.
amphigouri, s. m.
. amphithéâtre, s. m.

220

*amphitryon, s. m.
*amphore, s. f.
*amulette, s. m.
amygdales, s. f. pl.
anachorète, s. m.
anachronisme, s. m.
*anagramme, s. f.
. analyse, s. f.
ananas, s. m.
anathème, s. m.
. ancêtres, s. m. pl.
. anchois, s. m.
Voyez en, em, han

ancien, *f.* ancienne, *adj.*
**andain, *s. m.*
. âne, *s. m.*
angélus, *s. m.*
angoisse, *s. f.*
angulaire, *adj.*
anis, *s. m.*
*ankylose, *s. f.*

240

. anneau, *s. m.*
. année, *s. f.*
*annexer, *v.*
*annihiler, *v.*
. anniversaire, *adj.* et *s.*
. annonce, *s. f.*
annoter, *v.*
annuaire, *s. m.*
annulaire, *adj.* et *s.*
annuler, *v.*
anoblir, *v. donner le titre de noble.*
anonyme, *adj.* et *s.*
. anse, *s. f.*
antécédent, *adj.*
*antenne, *s. f.*
**anthère, *s. f.*
**anthologie, *s. f.*
anthropophage, *s. m.*
. anticiper, *v.*
antienne, *s. f.*

260

. antipathie, *s. f.*
antiphrase, *s. f.*
antiquaille, *s. f.*
Voyez en., em, han

. antiquaire, *s. m.*
antithèse, *s. f.*
. août, *s. m.*
. apaiser, *v.*
apathie, *s. f.*
. apercevoir, *v.*
. apetisser, *v.*
*aphélie, *s. m.*
*aphonie, *s. f.*
*aphorisme, *s. m.*
aphtes, *s. m. pl.*
. apitoyer, *v.*
. aplanir. *v.*
. aplatir, *v.*
. aplomb, *s. m.*
. apocalypse, *s. f.*
*apocryphe, *adj.*

280

*apophthegme, *s. m.*
apostat, *s. m.*
apostille, *s. f.*
. apostrophe, *s. f.*
apothéose, *s. f.*
. apothicaire, *s. m.*
. apôtre, *s. m.*
. apparaître, *v.*
apparat, *s. m.*
appareil, *s. m.*
. apparence, *s. f.*
*apparier, *v.*
. apparition, *s. f.*
. appartement, *s. m.*
. appartenir, *v.*
. appas, *charmes*, *s. m.*
. appât, *pâture*, *s. m.*
. appauvrir, *v.*
Voyez ha, en

- appeler, *v.*
- *appendice, *s. m.*

300

- appentis, *s. m.*
- appesantir, *v.*
- . appétit, *s. m.*
- . applaudir, *v.*
- . appliquer, *v.*
- *appointer, *v.*
- . apporter, *v.*
- apposer, *v.*
- . apprécier, *v.*
- . appréhender, *v.*
- . appréhension, *s. f.*
- . apprendre, *v.*
- . apprenti, *s. m.*
- . apprêt, *préparation*, *s. m.*
- . apprivoiser, *v.*
- . approbation, *s. f.*
- . approcher, *v.*
- approfondir, *v.*
- approprier, *v.*
- . approuver, *v.*

320

- . approvisionner, *v.*
- approximatif, *adj.*
- . appui, *s. m.*
- . appui-main, *s. m.*
- âpre, *adj.*
- . après, *prép.*
- aqueduc, *s. m.*
- . araignée, *s. f.*
- . arbalète, *s. f.*
- arbitraire, *adj.*

Voyez ha

- . arbrisseau, *s. m.*
- archange, *s. m.*
- arceau, *s. m.*
- archer, *s. m.*
- *archiépiscopal, *adj.*
- *archonte, *s. m.*
- arçon, *s. m.*
- . ardemment, *adv.*
- . ardent, *adj.*
- are, *mesure*, *s. m.*

340

- arène, *s. f.*
- . arête *de poisson*, *s. f.*
- . argent, *s. m.*
- argot, *s. m.*
- argumenter, *v.*
- argus, *s. m.*
- *argutie, *s. f.*
- . arithmétique, *s. f.*
- aristocratie, *s. f.*
- **armillaire, *adj.*
- armistice, *s. m.*
- . arpent, *s. m.*
- . arracher, *v.*
- . arranger, *v.*
- . arrêt, *s. m.*
- . arrhes, *assurance*, *s. f. pl.*
- . arrière (*en*), *adv.*
- . arriver, *v.*
- . arrogant, *adj.*
- arroger (*s'*), *v.*

360

- . arrondir, *v.*
- . arroser, *v.*

Voyez ha

AR, AS, AT — AT

. arsenal, *s. m.*
. arsenic, *s. m.*
. art *utile*, *s. m.*
. artichaut, *s. m.*
. artifice, *s. m.*
. as, *s. m.*
ascendant, *s. m.* et *adj.*
ascension, *s. f.*
*ascétique, *adj.*
. asile, *s. m.*
. aspect, *s. m.*
aspersion, *s. f.*
*asphodèle, *s. m.*
asphyxie, *s. f.*
. assaisonner, *v.*
. assassinat, *s. m.*
. assaut, *s. m.*
. assembler, *v.*

380

assentiment, *s. m.*
. asseoir, *v.*
assermenté, *adj.*
. assertion, *s. f.*
. assez, *adv.*
. assiettée, *s. f.*
assignat, *s. m.*
. associé, *adj.* et *s.*
. assommer, *v.*
. assujettir, *v.*
*astérisque, *s. m.*
. asthme, *s. m.*
*astragale, *s. m.*
*astreindre, *v.*
*astringent, *adj.*
astuce, *s. f.*
. atelier, *s. m.*
Voyez ha

athée, *s. m.*
*athénée, *s. m.*
. athlète, *s. m.*

400

. atlas, *s. m.*
. atmosphère, *s. f.*
atout, *s. m.*
atrabilaire, *adj.*
. atroce, *adj.*
. attache, *s. f.*
. attaquer, *v.*
. atteindre, *v.*
. atteler, *v.*
. attendre, *v.*
. attendrir, *v.*
. attentat, *s. m.*
. attente, *s. f.*
. attention, *s. f.*
atténuer, *v.*
. atterrer, *v.*
. attester, *v.*
attiédir, *v.*
attifer, *v.*
. attirail, *s. m.*

420

. attirer, *v.*
attiser, *v.*
attitré, *adj.*
. attitude, *s. f.*
attouchement, *s. m.*
*attractif, *adj.*
. attrait, *s. m.*
. attraper, *v.*
. attribuer, *v.*
attribut, *s. m.*
Voyez ha

. attrister, *v.*
attrition, *s. f.*
. attrouper, *v.*
aubade, *s. f.*
aubaine, *s. f.*
aube, *s. f.*
. aubépine, *s. f.*
. auberge, *s. f.*
aubier, *s. m.*
. aucun, *adj. num.*

440

. audace, *s. f.*
. audience, *s. f.*
. auditoire, *s. m.*
. auge, *s. f.*
. augmenter, *v.*
. augure, *s. m.*
. auguste, *adj.*
. aujourd'hui, *adv.*
. aumône, *s. f.*
*aumusse, *s. f.*
. aune, *s. m. et f.*
. auparavant, *adv.*
. auprès *de*, *prép.*
auréole, *s. f.*
*auriculaire, *adj.*
*aurifère, *adj.*
. aurore, *s. f.*
. auspice, *présage*, *s. m.*
. aussi, *adv.*
. aussitôt, *adv.*

460

austère, *sévère*, *adj.*
austral, *adj.*

autan, *vent*, *s. m.*
. autant, *également*, *adv.*
. autel *consacré*, *s. m.*
. auteur *d'un livre*, *s. m.*
authentique, *adj.*
*autocrate, *s. m.*
*autographe, *adj.*
. automate, *s. m.*
. automne, *s. m.*
*autopsie, *s. f.*
. autoriser, *v.*
. autour, *prép.* et *s. m.*
. autre, *adj.*
. autruche, *s. f.*
. autrui, *pron. indéf.*
. auvent, *s. m.*
. auvergnat, *s. m.*
auxiliaire, *adj.*

480

. avance, *s. f.*
. avarice, *s. f.*
avarie, *s. f.*
. aveindre, *v.*
avent (*l'*), *s. m.*
. aventure, *s. f.*
aventurine, *s. f.*
. averse, *s. f.*
. aversion, *s. f.*
. avis, *s. m.*
. avocat, *s. m.*
*azerole, *s. f.*
*azote, *s. m.*
. azur, *s. m.*
*azyme, *adj.*

Voyez o, ho, hau, ha, ahu

B

*babeurre, s. m.
. babil, s. m.
*baccalauréat, s. m.
, bacchanal, *bruit*, s. m.
bacchante, s. f.

500

**baccifère, adj.
badaud, s. m.
badigeon, s. m.
bâfrer, v.
. bagarre, s. f.
baguenaudier, s. m.
*bahut, s. m.
bai (*cheval*), adj.
baie, *ouverture*, s. f.
. baigner, v.
. bâiller, v.
. bain, s. m.
. baïonnette, s. f.
**bairam, s. m.
. baiser, v.
. baisser, v.
. balai *de crin*, s. m.
*balais (*rubis*), adj.
. balançoire, s. f.
. balbutier, v.

520

. baleine, s. f.
baliveau, s. m.
. ballade, s. f.
. balle *ronde*, s. f.
. ballet, *danse*, s. m.
Voyez be

. ballon, s. m.
. ballot, s. m.
ballotter, v.
balsamine, s. f.
ban *de mariage*, s. m.
banal, adj.
. banc *pour s'asseoir*, s. m.
. bandeau, s. m.
. banderole, s. f.
. bandit, s. m.
. baptême, s. m.
baptistère, adj.
*baratte, s. f.
. barbotter, v.
*bardot, *petit mulet*, s. m.

540

. baril, s. m.
. barre, s. f.
. barreau, s. m.
. barrière, s. f.
. barrique, s. f.
basane, s. f.
. bas, adj. et s.
. basse, s. f.
. bât *d'âne*, s. m.
. bataille, s. f.
. bateau, s. m.
. bâtir, v.
. bâton, s. m.
. batterie, s. f.
. battre, v.
Voyez baz

- baudet, *s. m.*
- baudrier, *s. m.*
*bauge, *s. f.*
- baume, *s. m.*
bazar, *s. m.*

560

- beaucoup, *adv.*
- beauté, *s. f.*
bécarre *en musique*, *s. m.*
- bécasse, *s. f.*
- bêche, *s. f.*
- becqueter, *v.*
bedaine, *s. f.*
bedeau, *s. m.*
beffroi, *s. m.*
- bégaiement, *s. m.*
- bégayer, *v.*
- beignet, *s. m.*
- bêler, *v.*
- bélier, *s. m.*
- belvéder, *s. m.*
- bénédicité, *s. m.*
- bénéfice, *s. m.*
- benêt, *adj. et s.*
bénévole, *adj.*
*benjoin, *s. m.*

580

béquillard, *s. m.*
- berceau, *s. m.*
- bercer, *v.*
*berlingot, *s. m.*
- besace, *s. f.*
*besaigre, *adj.*
*bêta, *s. m.*
- bête, *adj. et s. f.*

- betterave, *s. f.*
- beurre, *s. m.*
bey *de Tunis*, *s. m.*
*bézoard, *s. m.*
- biais, *s. m.*
biberon, *s. m.*
bibliothécaire, *s. m.*
- bibliothèque, *s. f.*
bichot, *s. m.*
- bienfait, *s. m.*
- bienheureux, *adj.*
- bientôt, *adv.*

600

- bière, *s. f.*
*biez, *canal*, *s. m.*
biffer, *v.*
- bifteck, *s. m.*
- bigarreau, *s. m.*
- bigarrure, *s. f.*
bigoterie, *s. f.*
- billard, *s. m.*
billion, *nombre*, *s. m.*
billot, *s. m.*
biographie, *s. f.*
- bis, *deux fois*, *adv.*
- bisaïeul, *s. m.*
*bisaiguë, *s. f.*
- biscuit, *s. m.*
*biseau, *s. m.*
*bismuth, *s. m.*
*bissextil, *adj.*
- bizarre, *adj.*
blaireau, *s. m.*

620

- blâmer, *v.*

Voyez bo, bai, bin

. blanc, *f.* blanche, *adj.*
. blasphême, *s. m.*
. blé, *s. m.*
  blême, *adj.*
  blocus, *s. m.*
  blottir, *v.*
. bœuf, *s. m.*
. boisseau, *s. m.*
. boîte, *s. f.*
. bombance, *s. f.*
  bonace, *terme de marine, s. f.*
  bonasse, *sans malice, adj.*
. bonbon, *s. m.*
. bond, *saut, s. m.*
. bonheur, *s. m.*
. bonhomie, *s. f.*
. bonnet, *s. m.*
. bordereau, *s. m.*
  *bosphore, *s. m.*

640

*bosseman, *s. m.*
  bot (*pied*), *adj.*
. botte, *s. f.*
  boucaut, *s. m.*
. bouffer, *v.*
. bouffon, *s. m.*
. bougeoir, *s. m.*
  bougonner, *v.*
. bouillon, *s. m.*
  **bouleux, *s. m.*
. boulevard, *s. m.*
. bouleverser, *v.*
  bourdonner, *v.*
  bourg *populeux, s. m.*
  Voyez bau

. bourgeois, *s. m.*
. bourgeon, *s. m.*
  *bourgmestre, *s. m.*
. bourrache, *s. f.*
  *bourras, *s. m.*
. bourrasque, *s. f.*

660

. bourre *de soie, s. f.*
. bourreau, *s. m.*
  bourrée, *s. f.*
  bourreler, *v.*
. bourrer, *v.*
. bourriche, *s. f.*
. bourrique, *s. f.*
. bourse, *s. f.*
  boursouffler, *v.*
. boussole, *s. f.*
. bout *pointu, s. m.*
  *bouterolle, *s. f.*
  boutonner, *v.*
. boyau, *s. m.*
. bracelet, *s. m.*
  **brachial, *adj.*
. braconnier, *s. m.*
  **brai, *goudron, s. m.*
. braire, *v.*
. braise, *s. f.*

680

. brancard, *s. m.*
  *brandebourg, *s. m.*
. bras, *s. m.*
  **brassard, *s. m.*
  *bréant, *s. m.*
. brebis, *s. f.*
  brelan, *s. m.*

. bréviaire, *s. m.*
brick, *vaisseau*, *s. m.*
. broc, *s. m.*
brocard, *raillerie*, *s. m.*
brocart, *étoffe*, *s. m.*
. brodequin, *s. m.*
. broderie, *s. f.*
brouhaha, *s. m.*
. brouillard, *s. m.*
brout, *pousse d'arbre*, *s. m.*
. bru, *s. f.*
bruire, *v.*
. bruit, *s. m.*

700

. brûler, *v.*

. brûlot, *s. m.*
brut, *adj.*
buanderie, *s. f.*
*bubale, *s. m.*
*buccin, *s. m.*
. bûcher, *s. m.*
. buffet, *s. m.*
. buffle, *s. m.*
. buis, *s. m.*
*buissonnier, *adj.*
bulle, *s. f.*
. bulletin, *s. m.*
. bureau, *s. m.*
*bureaucratie, *s. f.*
. but *atteint*, *s. m.*
. butte, *s. f.*
buvotter, *v.*

C

CA

ça (pour *cela*), *pron.*
çà (*viens çà*), *adv.*

720

çà et là, *adv.*
*cabas, *s. m.*
*cabillaud, *s. m.*
câble, *s. m.*
*cabus (*chou*), *adj.*
cacao, *s. m.*
*cachalot, *s. m.*
. cachot, *s. m.*
cachotterie, *s. f.*
*cacique, *s. m.*
Voyez qu, k, ch, sa

CA

cacochyme, *adj.*
. cacophonie, *s. f.*
. cadeau, *s. m.*
. cadenas, *s. m.*
. cadence, *s. f.*
caduc, *f.* caduque, *adj.*
caducée, *s. m.*
. café, *s. m.*
. cahier, *s. m.*
*cahin-caha, *adv.*

740

. cahot *d'une voiture*, *s. m.*
. cahutte, *s. f.*

caillot, *s. m.*
. caillou, *s. m.; pl. des*
    cailloux.
caisse, *s. f.*
calciner, *v.*
calcul, *s. m.*
calebasse, *s. f.*
. caleçon, *s. m.*
. calembourg, *s. m.*
calembredaine, *s. f.*
*calendes, *s. f. pl.*
. calendrier, *s. m.*
calepin, *s. m.*
. calice, *s. m.*
. calicot, *s. m.*
calife, *s. m.*
câlin, *adj.*
. calotte, *s. f.*
calus, *s. m.*

760

. calvaire, *s. m.*
calville, *s. f.*
calvitie, *s. f.*
cambouis, *s. m.*
camée, *s. m.*
. camelot, *s. m.*
. camp *d'une armée, s. m.*
. camphre, *s. m.*
campos, *congé, s. m.*
. cancer, *s. m.*
candidat, *s. m.*
. cane, *oiseau, s. f.*
. canevas, *s. m.*
canezou, *s. m.*
. canne, *bâton, s. f.*
. cannelle, *s. f.*

*canonique, *adj.*
canonnade, *s. f.*
. canot, *bateau, s. m.*
cantharide, *s. f.*

780

capacité, *s. f.*
caparaçon, *s. m.*
cape, *manteau, s. f.*
capillaire, *adj. et s.*
capot, *adj.*
. capitaine, *s. m.*
câpre, *s. f.*
. caprice, *s. m.*
captieux, *adj.*
. carafe, *s. f.*
*carat, *s. m.*
. carême, *s. m.*
carène, *s. f.*
. carotte, *s. f.*
. carquois, *s. m.*
. carré, *adj. et s.*
. carrefour, *s. m.*
. carreler, *v.*
. carrelet, *s. m.*
. carrick, *s. m.*

800

. carrière, *s. f.*
. carriole, *s. f.*
. carrosse, *s. m.*
*carrousel, *s. m.*
. casserole, *s. f.*
. cassis, *s. m.*
. cassonade, *s. f.*
. catarrhe, *s. m.*
. catastrophe, *s. f.*

Voyez qu; k, ch

catéchumène, *s. m.*
. cathédrale, *s. f.*
. catholique, *adj. et s.*
cauchemar, *s. m.*
. cause, *s. f.*
caustique, *adj. et s.*
. cautère, *s. m.*
. caution, *s. f.*
. caveau, *s. m.*
*céans, (*maître de*), *adv.*
ceci, *pron.*

820

cécité, *s. f.*
. céder, *v.*
cédille, *s. f.*
. cèdre, *s. m.*
. ceindre, *v.*
ceinture, *s. f.*
cela, *pron.*
. célèbre, *adj.*
céler, *v.*
. céleri, *s. m.*
célérifère, *s. m.*
. céleste, *adj.*
. célibataire, *adj. et s.*
. cellier, *cave*, *s. m.*
. cellule, *s. f.*
celui, *pron.*
*cément, *s. m.*
*cénacle, *s. m.*
. cendre, *s. f.*
cène, *souper*, *s. f.*

840

cénobite, *s. m.*
Voyez sé, sco, sc

cénotaphe, *s. m.*
cens, *déclaration, rente*, *s. m.*
censé, *estimé*, *adj.*
. censeur, *s. m.*
. cent, *nombre*, *adj. num.*
. centaine, *s. f.*
centaure, *s. m.*
centenaire, *adj. et s.*
. centime, *s. m.*
. centre, *s. m.*
. cep *de vigne*, *s. m.*
. cependant, *adv. et conj.*
*céphalique, *adj.*
cérat, *s. m.*
. cerceau, *s. m.*
. cercle, *s. m.*
. cercueil, *s. m.*
. cérémonie, *s. f.*
. cerf, *animal*, *s. m.*

860

. cerfeuil, *s. m.*
. cerise, *s. f.*
. cerneau, *s. m.*
cerner, *v.*
. certain, *adj.*
. certes, *adv.*
céruse, *s. f.*
. cerveau, *s. m.*
. cervelas, *s. m.*
. cesser, *v.*
cession, *transport*, *s. f.*
*ceste, *s. m.*
. chaîne *d'acier*, *s. f.*
. chaire, *siége élevé*, *s. f.*
Voyez sé, se, sc

CHAI, CHAT   CHAT, CHO

- chair, *partie du corps*, *s. f.*
- chaise, *s. f.*
- châle, *s. m.*
- chalumeau, *s. m.*
- chamarrer, *v.*
- chambellan, *s. m.*

880

- chamois, *s. m.*
- champêtre, *adj.*
- chance, *s. f.*
- chanceler, *v.*
- chancellerie, *s. f.*
- **chanfrein, *s. m.*
- *chanteau, *s. m.*
- chaos, *confusion*, *s. m.*
- chapelain, *s. m.*
- chapelet, *s. m.*
- chaperon, *s. m.*
- chapiteau, *s. m.*
- charançon, *s. m.*
- chariot, *s. m.*
- charpentier, *s. m.*
- charretée, *s. f.*
- charrette, *s. f.*
- charrier, *v.*
- charroi, *s. m.*
- charrue, *s. f.*

900

- châsse, *reliquaire*, *s. f.*
- chasselas, *s. m.*
- châssis, *s. m.*
- châtaigne, *s. f.*
- châtain, *adj. m.*
- château, *s. m.*
- châtelain, *adj. et s.*
- chat-huant, *s. m.*
- châtier, *v.*
- chatte, *s. f.*
- *chattemite, *s. f.*
- chaud, *adj. et s.*
- chaudron, *s. m.*
- chauffer, *v.*
- chaufferette, *s. f.*
- chaume, *s. m.*
- chausse, *s. f.*
- chaussée, *s. f.*
- chauve, *adj.*
- chaux *vive*, *s. f.*

920

- chef-d'œuvre, *s. m.*
- chêne, *arbre*, *s. m.*
- chenevis, *s. m.*
- *chenevotte, *s. f.*
- chenil, *s. m.*
- cher, *f.* chère, *adj.*
- chère, *bonne chère*, *s. f.*
- *chersonèse, *s. f.*
- cherté, *s. f.*
- *chervis, *s. m.*
- chevreau, *s. m.*
- chevrotain, *s. m.*
- chez, *prép.*
- chicot, *s. m.*
- chiendent, *s. m.*
- chiffonner, *v.*
- chiffre, *s. m.*
- chiquenaude, *s. f.*
- chœur, *de musique*, *s. m.*

Voyez chai, chau, sch

. choix, s. m.

940

*choléra morbus, s. m.
chômer, v.
chopper, v.
choriste, s. m.
. chorus, s. m.
chrême (*saint*), s. m.
. chrétien, *adj.* et s.
. christ, s. m.
chronologie, s. f.
chronique, s. f.
*chrysalide, s. f.
*chyle, s. m.
ciboire, s. m.
. ciboule, s. f.
. cicatrice, s. f.
. cidre, s. m.
. ciel, s. m.
. cierge, s. m.
. cigale, s. f.
. cigarre, s. m.

960

cigogne, s. f.
. ciguë, s. f.
. cil, s. m.
cilice, s. m.
cime, s. f.
. ciment, s. m.
. cimeterre, s. m.
. cimetière, s. m.
'cimier, s. m.
*cinabre, s. m.
*cinéraire, *adj.*
cingler, v.
Voy. chau, si, sy, sci

*cinnamome, s. m.
. cinq, *adj. num.*
cintre, s. m.
. circonférence, s. f.
. circonstance, s. f.
circuit, s. m.
. cire *à cacheter*, s. f.
ciron, s. m.

980

cirque, s. m.
. ciseau, s. m.
. citadelle, s. f.
. cité, *ville*, s. f.
. citer, v.
*citérieur, *adj.*
citerne, s. f.
. citoyen, *adj.* et s.
. citronnier, s. m.
citrouille, s. f.
. civet, s. m.
civette, s. f.
civière, s. f.
. civil, *adj.*
clabauder, v.
. clair, *éclatant*, *adj.*
clairon, s. m.
claquemurer, v.
. clarté, s. f.
clause, s. f.

1000

clavecin, s. m.
. clef, s. f.
. clémence, s. f.
. clerc *d'avoué*, s. m.
. clientèle, s. f.
Voyez si, sy, sci

clinquant, s. m.
cliquetis, s. m.
cloaque, s. m.
clocher, s. m.
cloître, s. m.
clorre, v.
clôture, s. f.
clystère, s. m.
*coccinelle, s. f.
cocher, s. m.
cochléaria, s. m.
coco, s. m.
coction, s. f.
codicille, s. m.
cœur, *partie du corps*, s. m.

1020

coffre, s. m.
*cohésion, s. f.
cohorte, s. f.
cohue, s. f.
coiffe, s. f.
coïncider, v.
collatéral, adj.
collation, s. f.
colle *forte*, s. f.
collége, s. m.
collègue, s. m.
collerette, s. f.
collet, s. m.
collier, s. m.
colline, s. f.
colloque, s. m.
*collyre, s. m.
colonie, s. f.
   Voyez quo., cau

colonne, s. f.
colophane, s. f.

1040

coloris, s. m.
comédie, s. f.
comestibles, s. m. pl.
comète, s. f.
*comices, s. m. pl.
commander, v.
comment, adv.
comme, adv. et conj.
commencer, v.
*commensal, adj. et s.
commentaire, s. m.
commerce, s. m.
communiquer, v.
comparaître, v.
compter, *calculer*, v.
conquête, s. f.
comte, *titre*, s. m.
concentrer, v.
concert, s. m.
concevoir, v.

1060

concierge, s. m.
concilier, v.
concis, adj.
concours, s. m.
concupiscence, s. f.
concurrence, s. f.
concussion, s. f.
condamner, v.
condenser, v.
condescendance, s. f.
condisciple, s. m.

2

- condition, *s. f.*
- cône, *s. m.*
- conférence, *s. f.*
- confident, *adj.* et *s.*
- conflit, *s. m.*
- confluent, *s. m.*
- congrès, *s. m.*
- conjecture, *s. f.*
- connaissance, *s. f.*

1080

- connaître, *v.*
- connétable, *s. m.*
- connexion, *s. f.*
- connivence, *s. f.*
- conquête, *s. f.*
- conscience, *s. f.*
- conscrit, *s. m.*
- conseil, *s. m.*
- consentir, *v.*
- conséquent, *adj.*
- conserver, *v.*
- considérer, *v.*
- consigner, *v.*
- consistoire, *s. m.*
- constamment, *adv.*
- consommer, *v.*
- consonne, *s. f.*
- consulat, *s. m.*
- contempler, *v.*
- contemporain, *adj.* et *s.*

1100

- *contendant, *adj.*
- content, *satisfait, adj.*
- contentieux, *adj.* et *s.*
- contention, *s. f.*
- continence, *s. f.*
- continent, *adj.* et *s. m.*
- contorsion, *s. f.*
- contraindre, *v.*
- contraire, *adj.*
- contrat, *s. m.*
- contravention, *s. f.*
- contrition, *s. f.*
- contrôle, *s. m.*
- contumace, *adj.*
- convaincre, *v.*
- convalescence, *s. f.*
- convention, *s. f.*
- convulsion, *s. f.*
- copeau, *s. m.*
- coq, *oiseau, s. m.*

1120

- coquelicot, *s. m.*
- coqueluche, *s. f.*
- coquemar, *s. m.*
- *coquesigrue, *s. f.*
- coquetterie, *s. f.*
- *coquillier, *s. m.*
- corbeau, *s. m.*
- corbillard, *s. m.*
- coriace, *adj.*
- corps *vivant, s. m.*
- corpulence, *s. f.*
- correct, *adj.*
- correspondre, *v.*
- corridor, *s. m.*
- corriger, *v.*
- corrompre, *s. m.*
- corroyeur, *s. m.*
- corsaire, *s. m.*
- corset, *s. m.*

Voyez cau

*cortès, *s. f. pl.*, m. au sing.

1140

coryphée. *s. m.*
. côte, *s. f.*
. coteau, *s. m.*
coterie, *s. f.*
cothurne, *s. m*
. cotte, *vêtement*, *s. f.*
cou-de-pied, *s. m.*
*couci-couci, *adv.*
couenne, *s. f.*
. coulis, *adj. et s. m.*
. coup, *contusion*, *s. m.*
. couronne, *s. f.*
. courrier, *s. m.*
. courroux, *s. m.*
. courroie, *s. f.*
. courroucer, *v.*
. cours *d'un fleuve*, *s. m.*
. course, *s. f.*
. couteau, *s. m.*
. coutelas, *s. m.*

1160

. coûter, *v.*
. coutil, *s. m.*
*couvain, *s. m.*
. couvent, *s. m.*
. craindre, *v.*
. crâne, *s. m.*
*cratère, *s. m.*

Voyez cau

. cravate, *s. f.*
. crédit, *s. m.*
. crème *blanche*, *s. f.*
créneau, *s. m.*
. crêpe, *s. m. et f.*
. crête, *s. f.*
cric, *machine*, *s. m.*
. croc, *s. m.*
. croître, *v.*
. croix, *s. f.*
. croquis, *s. m.*
. crotte, *s. f.*
. croup, *maladie*, *s. m.*

1180

. croûte, *s. f.*
. cruauté, *s. f.*
. crucifix, *s. m.*
*crystallin, *adj. et s. m.*
. cueillir, *v.*
. cuiller, *s. f.*
. cuire, *v.*
culot, *s. m.*
. culotte, *s. f.*
curatelle, *s. f.*
**cycle, *s. m.*
*cyclope, *s. m.*
. cygne, *oiseau*, *s. m.*
. cylindre, *s. m.*
*cymaise, *s. f.*
cymbale, *s. f.*
cynique, *adj.*
. cyprès, *s. m.*

Voyez ci, si

D

*dadais, *s. m.*
. daigner, *v.*

1200

. daim, *s. m.*
daine, *s. f.*
. dais *brodé, s. m.*
. dalle, *s. f.*
*dam (*peine du*), *s. m.*
damas, *s. m.*
. damner. *v.*
. dans *la cour, prép.*
danse *légère, s. f.*
. dard, *s. m.*
. datte, *fruit, s. f.*
daube, *s. f.*
. dauphin, *s. m.*
. débâcle, *s. f.*
. débarras, *s. m.*
. débauche, *s. f.*
débat, *s. m.*
*déblai, *s. m.*
déboîter, *v.*
débonnaire, *adj.*

1220

. debout, *adj.*
débours, *s. m.*
. décéder, *v.*
déceler, *v.*
. décemment, *adv.*
*décemvir, *s. m.*
. décence, *s. f.*
. décerner, *v.*
Voyez dai, do, des, den

. décès, *s. m.*
décevoir, *v.*
. décider, *v.*
déciller, *v.*
décime, *s. m.*
. décoller, *v.*
. décombres, *s. m. pl.*
*décorum, *s. m.*
. dédain, *s. m.*
. dédale, *s. m.*
. dedans, *adv.*
dédicace, *s. f.*

1240

. dédit, *s. m.*
. défaite, *s. f.*
. défaut, *s. m.*
. défendre, *v.*
. défense, *s. f.*
déférence, *s. f.*
*défets, *terme de librairie, s. m. pl.*
. déficit, *s. m.*
. défrayer, *v.*
. dégât, *s. m.*
. dégoûter, *causer du dégoût, v.*
. dégoutter, *couler goutte à goutte, v.*
. dehors, *adv.*
. déjeûner, *v. et s. m.*
. délai, *s. m.*
. délice, *s. m. au sing. et f. au pl.*
Voyez dai, des

. délire, *s. m.*
délit, *s. m.*
. demain, *adv.*
. démangeaison, *s. f.*

1260

. démêler, *v.*
. démence, *s. f.*
. demeure, *s. f.*
démission, *s. f.*
. dénoncer, *v.*
. denrée, *s. f.*
dense, *épais, adj.*
. dent *arrachée, s. f.*
. dentelle, *s. f.*
. départ, *s. m.*
. dépêcher, *v.*
dépêche, *s. f.*
. dépendre, *v.*
. dépens, *s. m. pl.*
. dépense, *s. f.*
dépêtrer, *v.*
. déplacer, *v.*
dépositaire, *adj. et s.*
. dépôt, *s. m.*
déprécier, *v.*

1280

. depuis, *prép.*
dérisoire, *adj.*
. derrière *la porte, prép.*
*dervis, *s. m.*
. dès *le jour, prép.*
désappointé, *adj.*
désarroi, *s. m.*
. désert, *adj. et s.*
. descendre, *v.*
 Voyez dai, dan, déc

. déshabiller, *v.*
. déshériter, *v.*
désinence, *s. f.*
. désœuvré, *adj.*
. désormais, *adj.*
dessaisir, *v.*
. dessein, *projet, s. m.*
. dessert, *s. m.*
dessiller *ou mieux* déciller, *v.*
. dessous, *adv.*
. dessus, *adv.*

1300

*désuétude, *s. f.*
détente, *s. f.*
. détention, *s. f.*
détonation, *s. f.*
. détrempe, *s. f.*
. devancer, *v.*
. développer, *v.*
devis, *s. m.*
. dévoiement, *s. m.*
. dévouement, *s. m.*
dey *de Tunis, s. m.*
. diadème, *s. m.*
. diamant, *s. m.*
*diaphane, *adj.*
*diaphragme, *s. m.*
diarrhée, *s. f.*
. dictionnaire, *s. m.*
. diète, *s. f.*
diffamer, *v.*
. différence, *s. f.*

1320

. difficile, *adj.*

- difforme, *adj.*
- diffus, *adj.*
- dignitaire, *s. m.*
- digression, *s. f.*
- dîme, *s. f.*
- dimension, *s. f.*
- dîner, *v. et s.*
- diocèse, *s. m.*
- diphthongue, *s. f.*
- diplomatie, *s. f.*
- diplôme, *s. m.*
- discerner, *v.*
- disciple, *s. m.*
- discours, *s. m.*
- discussion, *s. f.*
- dispendieux, *adj.*
- dispensaire, *s. m.*
- dispenser, *v.*
- disperser, *v.*

1340

- dispos, *adj. m.*
- disque, *s. m.*
- dissension, *s. f.*
- dissidence, *s. f.*
- dissyllabe, *s. m.*
- distiller, *v.*
- distinct, *adj.*
- distraire, *v.*
- *dithyrambe, *s. m.*
- dividende, *s. m.*
- divorce, *s. m.*
- dix, *adj. num.*

Voyez dy

- dixième, *adj. et s. m.*
- dizain, *s. m.*
- docile, *adj.*
- doigt *de la main*, *s. m.*
- domaine, *s. m.*
- dôme, *s. m.*
- domicile, *s. m.*
- dommage, *s. m.*

1360

- dompter, *v.*
- donation, *s. f.*
- dot, *s. f.*
- douce, *adj. f.*
- *douvain, *s. m.*
- doux, *adj.*
- douzaine, *s. f.*
- *drachme, *s. f.*
- drapeau, *s. m.*
- *drogman, *s. m.*
- drôle, *adj. et s.*
- douairière, *adj. et s.*
- dromadaire, *s. m.*
- *dryade, *s. f.*
- *dulcinée, *s. f.*
- duplicité, *s. f.*
- durcir, *v.*
- dureté, *s. f.*
- dynastie, *s. f.*
- dyssenterie, *s. f.*

1380

**dysurie, *s. f.*

Voyez dau

E

. eau, *liquide,* s. f.
. ébahi, *adj.*
. ébauche, *s. f.*
. ébène, *s. f.*
*éboulis, *s. m.*
. ébouriffé, *adj.*
ébullition, *s. f.*
ecce-homo, *s. m.*
. ecclésiastique, *adj. et s.*
. échafaud, *s. m.*
. échalas, *s. m.*
. échalotte, *s. f.*
. échapper, *v.*
échauboulure, *s. f.*
. échaudé, *adj. et s. m.*
. échauffer, *v.*
*échauffourée, *s. f.*
. échecs, *jeu,* s. m. pl.
. écheveau, *s. m.*

1400

. écho, *son réfléchi,* s. m.
. échoppe, *s. f.*
. éclair, *s. m.*
. éclaircir, *v.*
éclaire, *plante,* s. f.
. éclipse, *s. f.*
. écloppé, *adj.*
. éclore, *v.*
. écorce, *s. f.*
. écot *payé,* s. m.
. écriteau, *s. m.*
. écritoire, *s. f.*
. écrivain, *s. m.*

. écueil, *s. m.*
. écurie, *s. f.*
. édifice, *s. m.*
édit, *s. m.*
. éfaufiler, *v.*
. effacer, *v.*
.. effaroucher, *v.*

1420

. efféminé, *adj.*
** effendi, *s. m.*
effervescence, *s. f.*
. effet, *s. m.*
. efficace, *adj.*
** efficient, *adj.*
. effiler, *v.*
. effleurer, *v.*
* efflorescence, *s. f.*
. efforcer, *v.*
. effort, *s. m.*
. effrayer, *v.*
. effronté, *adj.*
* éfourceau, *s. m.*
. égard, *s. m.*
. égayer, *rendre gai,* v.
. égoût, *s. m.*
** égrappoir, *s. m.*
égrugeoir, *s. m.*
. égyptien, *adj.*

1440

. eh ! *excl.*
éjection, *s. f.*
. élancer, *v.*
. élémentaire, *adj.*

Voyez ai, hé

- éléphant, *s. m.*
- ellébore, *s. m.*
- ellipse, *s. f.*
- . éloquent, *adj.*
- * élysée, *s. m.*
- . émanciper, *v.*
- . emballer, *v.*
- * embargo, *s. m.*
- . embarquer, *v.*
- . embarras, *s. m.*
- embaucher, *v.*
- . embaumer, *v.*
- . embellir, *v.*
- * emblaver, *v.*
- * emblée (d') *adv.*
- . emblème, *s. m.*

1460

- emboîter, *v.*
- . embonpoint, *s. m.*
- . embouchure, *s. f.*
- . embraser, *v.*
- . embrasser, *v.*
- ** embryon, *s. m.*
- . embûche, *s. f.*
- . embuscade, *s. f.*
- . émeraude, *s. f.*
- . émietter, *v.*
- . éminence, *s. f.*
- ** émir, *s. m.*
- émission, *s. f.*
- . emmagasiner, *v.*
- . emmailloter, *v.*
- . emmêler, *v.*
- emmieller, *v.*
- emmitoufler, *v.*
- . émollient, *adj.*

Voyez am, an, han

- ** empan, *s. m.*

1480

- . emparer (s'), *v.*
- * empaumer, *v.*
- . empêcher, *v.*
- empeigne, *s. f.*
- . empereur, *s. m.*
- empêtrer, *v.*
- emphase, *s. f.*
- * emphytéotique, *adj.*
- empiéter, *v.*
- * empiffrer, *v.*
- . empire, *s. m.*
- . empirer, *v.*
- empirique, *adj. et s.*
- . emplacement, *s. m.*
- . emplâtre, *s. m.*
- . emplette, *s. f.*
- . emplir, *v.*
- . emploi, *s. m.*
- . empois, *s. m.*
- . empreindre, *v.*

1500

- . empresser (s'), *v.*
- . emprunt, *s. m.*
- * empyrée, *ciel*, *s. m.*
- . en, *dans, prép.*
- . encaisser, *v.*
- encan, *s. m.*
- encaustique, *adj. et s. f.*
- enceindre, *v.*
- . enceinte, *adj. et s.*
- . encens, *s. m.*
- . enchaîner, *v.*

Voyez am, an, han

- enchère, s. f.
- enchifrené, adj.
- enclaver, v.
- enclin, adj.
- enclos, s. m.
- enclume, s. f.
- encombrer, v.
- encontre (à l'), adv.
- encolure, s. f.

1520

- encore, adv.
- encre *pour écrire*, s. f.
- encyclopédie, s. f.
- * endémique, adj.
- endêver, v.
- endive, s. f.
- endroit, s. m.
- enduit, adj. et s. m.
- enfant, s. m. et f.
- enfer, s. m.
- enfin, adv.
- enfler, v.
- enfoncer, v.
- enfreindre, v.
- engeance, s. f.
- engelure, s. f.
- engencer, v.
- engendrer, v.
- * engin, s. m.
- engloutir, v.

1540

- engoncer, v.
- engouement, s. m.
- engourdir, v.
- engrais, s. m.

Voyez an, han

- engrener, v.
- enjôler, v.
- enjouement, s. m.
- enivrer, v.
- enlacer, v.
- enlever, v.
- enluminer, v.
- ennemi, adj. et s.
- ennoblir, *rendre noble*, v.
- ennui, s. m.
- ennuyer, v.
- enorgueillir, v.
- enquête, s. f.
- enrhumer, v.
- enrôler, v.
- enroué, adj.

1560

- enseigne, s. m. et f.
- enseigner, v.
- ensemble, adv. et s.
- ensevelir, v.
- ensorceler, v.
- entamer, v.
- entendre, v.
- enter, v.
- * entériner, v.
- entêter, v.
- enthousiasme, s. m.
- entiché, adj.
- entier, adj. et s.
- * entomologie, s. f.
- entonnoir, s. m.
- entorse, s. f.
- entrailles, s. f. pl.
- entraîner, v.

Voyez an, han

3

. entraves, *s. f. pl.*
. entre *nous*, *prép.*

1580

. entrechat, *s. m.*
. entrepôt, *s. m.*
. entrer, *v.*
. entresol, *s. m.*
. envahir, *v.*
. envelopper, *v.*
. envers, *prép.*
. envi (*à l'*), *adv.*
. envie, *s. f.*
. environ, *adv. prép. et s.*
. envoi, *s. m.*
. épais, *adj. f.* épaisse.
épandre, *v.*
. épaule, *s. f.*
*épeautre, *s. m.*
. éperon, *s. m.*
. éphémère, *adj. et s.*
éphémérides, *s. f. pl.*
*éphore, *s. m.*
. épices, *s. f. pl.*

1600

. épigramme, *s. f.*
. épigraphe, *s. f.*
. épilepsie, *s. f.*
. épinard, *s. m.*
*épingare, *s. m.*
. épiphanie, *s. f.*
. épitaphe, *s. f.*
*épithalame, *s. m.*
. épithète, *s. f.*
. épître, *s. f.*
*épizootie, *s. f.*
Voyez an, hé

. époux, *s. m.*
épreindre, *v.*
*équarrir, *v.*
équateur, *s. m.*
. équerre, *s. f.*
. équivalent, *adj. et s.*
. ère *chrétienne*, *s. f.*
éreinter, *v.*
. ergot *du coq*, *s. m.*

1620

. ermite, *s. m.*
. errer, *v.*
. érysipèle, *s. m.*
. escarbot, *s. m.*
. escargot, *s. m.*
escient, *s. m.*
*escogriffe, *s. m.*
. escompte, *s. m.*
*escourgeon, *s. m.*
. escroc, *s. m.*
. espace, *s. m.*
. espèce, *s. f.*
. espérance, *s. f.*
. esprit, *s. m.*
. esquinancie, *s. f.*
. essai, *s. m.*
. essaim, *s. m.*
. essence, *s. f.*
. essentiel, *adj. f.* essen-
tielle.
. essouffler, *v.*

1640

. estomac, *s. m.*
. essuie-mains, *s. m.*
. esturgeon, *s. m.*
Voyez hé, aï, hai

ÉTA, EXA   EXC, EXT

- étai, *s. m.*
- étaim, *laine, s. m.*
- étain, *métal, s. m.*
- étançon, *s. m.*
- étang, *amas d'eau, s. m.*
- état, *s. m.*
- étau, *s. m.*
- éteignoir, *s. m.*
- éteindre, *v.*
- étendard, *s. m.*
- étendre, *v.*
- éther, *s. m.*
- étincelle, *s. f.*
- étoffe, *s. f.*
- étouffer, *v.*
- étourneau, *s. m.*
- étrécir, *v.*

1660

- étreindre, *v.*
- étrenne, *s. f.*
- étymologie, *s. f.*
- eucharistie, *s. f.*
- * euphémisme, *s. m.*
- euphonie, *s. f.*
- évènement, *s. m.*
- évent, *s. m.*
- éventail, *s. m.*
- éventaire, *s. m.*
- éventuel, *adj. f.* éventuelle.
- évêque, *s. m.*
- évident, *adj.*
- exact, *adj.*
- examen, *s. m.*
- exaucer, *des vœux, v.*
  Voyez hé, heu, œu

- excéder, *v.*
- excellent, *adj.*
- exceller, *v.*
- excepter, *v.*

1680

- excès, *s. m.*
- excessif, *adj. f.* excessive.
- exciter, *v.*
- excursion, *s. f.*
- exemple, *s. m.* — modèle d'écriture, *s. f.*
- exempt, *adj. et s. m.*
- exercice, *s. m.*
- exhaler, *v.*
- exhausser, *élever, v.*
- exhiber, *v.*
- exil, *s. m.*
- exhorter, *v.*
- exhumer, *v.*
- exigeant, *adj.*
- exigence, *s. f.*
- existence, *s. f.*
- exorbitant, *adj.*
- expansion, *s. f.*
- expédient, *adj. et s.*
- expérience, *s. f.*

1700

- expérimenté, *adj.*
- expert, *adj. et s. m.*
- exploit, *s. m.*
- exprès, *adj., s. et adv.*
- extension, *s. f.*
- extrait, *adj. et s. m.*
- extrême, *adj. et s.*
  Voyez hé

F

fabliau, *s. m.*
. façade, *s. f.*
. face, *s. f.*
facétie, *s. f.*
. fâcher, *v.*
- facile, *adj.*
. façon, *s. f.*
fac-simile, *s. m.*
. factice, *adj.*
factieux, *adj. et s.*
factotum, *s. m.*
factum, *s. m.*
. fadaise, *s. f.*

1720

. fagot, *s. m.*
. faiblesse, *s. f.*
. faïence, *s. f.*
. faim, *besoin, s. f.*
*faim-valle, *s. f.*
faîne, *s. f.*
. fainéant, *s. m.*
. faire, *v.*
. faisan, *s. m.*
. faisceau, *s. m.*
. faîte *d'un bâtiment,*
s. m.
. faix, *fardeau, s. m.*
falaise, *s. f.*
. falloir, *v.*
falot, *s. m.*
. falsifier, *v.*
famé, *adj.*
   Voyez pha, fê, fem

. familier, *adj. f.* familière.
. fantaisie, *s. f.*
*fantoccini, *s. m. pl.*

1740

. fantôme, *s. m.*
. faon, *s. m.*
. farce, *s. f.*
. fardeau, *s. m.*
**fasce, *terme de blason, s. f.*
*fascine, *s. f.*
fasciner, *v.*
. fat, *s. m.*
fatras, *s. m.*
. faubourg, *s. m.*
. faucher, *v.*
. faucille, *s. f.*
. faucon, *s. m.*
. faufiler, *v.*
. faune, *s. m.*
. faussaire, *adj. et s.*
. fausset, *s. m.*
. faute, *s. f.*
. fauteuil, *s. m.*
. fauve, *adj.*
. fauvette, *s. f.*

1760

. faux, *f.* fausse, *adj.*
. faux *pour faucher, s. f.*
**fébricitant, *adj.*
   Voyez pha, phé, fo

. féerie, s. f.
. feindre, v.
. fêlé, adj.
. félicité, s. f.
. femme, s. f.
fenaison, s. f.
. fendre, v.
. fenêtre, s. f.
*fenil, s. m.
. fer, métal, s. m.
fermenter, v.
**fermentescible, adj.
. féroce, adj.
. ferraille, s. f.
. ferrement, s. m.
. ferrer, v.

1780

. ferrure, s. f.
férule, s. f.
fervent, adj.
. fête, réjouissance, s. f.
fiançailles, s. f. pl.
. fidèle, adj.
fieffé, adj.
. fiente, s. f.
. fierté, s. f.
*filagramme, s. m.
filament, s. m.
filigrane, s. m.
. filou, s. m.
. fils, s. m.
. firmament, s. m.
fisc, s. m.
**flaccidité, s. f.
. flageolet, s. m.
. flairer, v.

Voyez fan, fai, fœ, phé, phi, phy

. flambeau, s. m.

1800

. flamme, s. f.
. flanc, côté, s. m.
. flatter, v.
. fléau, s. m.
**flibot, s. m.
. florence, s. m.
*florès (faire).
. flotter, v.
. flûte, s. f.
. flux, s. m.
. fluxion, s. f.
fœtus, s. m.
. foi, croyance, s. f.
. foie, partie du corps, s. m.
. fois (deux), s. f.
foisonner, v.
. fol, adj. m. folle, f.
. folâtre, adj.
. folie, s. f.
. follet, adj. f. follette.

1820

**folliculaire, adj. et s.
**follicule, s. f.
fomenter, v.
. foncé, adj.
foncier, adj.
. fondamental, adj.
. fond, partie infér., s. m.
. fonds (dans tout autre sens que fond), s. m.
. fontaine, s. f.
. forain, adj.

Voyez pho, fau

- forçat, *s. m.*
- forcené, *adj. et s.*
- forcer, *v.*
- forêt, *s. f.*
- forfait, *s. m.*
- fosse *creuse*, *s. f.*
- fouetter, *v.*
- foulard, *s. m.*
- fourmi, *s. f.*
- fourmilière, *s. f.*

1840

- *fourmillier, *animal*, *s. m.*
- fournaise, *s. f.*
- fourneau, *s. m.*
- fournil, *s. m.*
- fourrage, *s. m.*
- fourreau, *s. m.*
- fourrer, *v.*
- fourrière, *s. f.*
- fourrier, *s. m.*
- fourrure, *s. f.*
- foyer, *s. m.*
- fragment, *s. m.*
- frai *de poisson*, *s. m.*
- fraîcheur, *s. f.*
- frairie, *s. f.*
- frais, *adj. m. et s.*
- fraîche, *adj. f.*
- fraise, *s. f.*
- franc, *adj. et s. f.* franche.

Voyez fau, phos, phra

- frapper, *v.*

1860

- frater, *s. m.*
- fraude, *s. f.*
- frayer, *v.*
- fredaine, *s. f.*
- frein, *s. m.*
- frêle, *adj.*
- frêne, *s. m.*
- fréquent, *adj.*
- fricandeau, *s. m.*
- frimas, *s. m.*
- frisotter, *v.*
- frissonner, *v.*
- frôler, *v.*
- froment, *s. m.*
- froncer, *v.*
- froncis, *s. m.*
- frontispice, *s. m.*
- frotter, *v.*
- fuir, *v.*
- fumeterre, *s. f.*

1880

- funéraire, *adj.*
- fureter, *v.*
- fusain, *s. m.*
- fuseau, *s. m.*
- fusil, *s. m.*
- fût, *s. m.*
- futaine, *s. f.*
- fuyard, *s. m.*

Voyez ph

G

gabare, *s. f.*
*gabeloux, *s. m.*
gâche, *s. f.*
gâcheux, *s. m.*
. gâchis, *s. m.*
*gaffe, *s. f.*
- gageure, *s. f.*
. gai, *joyeux*, *adj.*
. gain, *s. m.*
- gaîne, *s. f.*
. gaîté, *s. f.*
*galbanum, *s. m.*

1900

- galetas, *s. m.*
. galimatias, *s. m.*
galiote, *s. f.*
**galipot, *s. m.*
galle (*noix de*), *s. f.*
gallican, *adj.*
*gallicisme, *s. m.*
- galonner, *v.*
. galoper, *v.*
- gamme, *s. f.*
- gangrène, *s. f.*
. ganse, *s. f.*
. gant, *s. m.*
*garance, *s. f.*
*garas, *s. m.*
. garçon, *s. m.*
. garenne, *s. f.*
, gargote, *s. f.*
gargouillis, *s. m.*
Voyez gué, guim, guin

*garrot, *s. m.*

1920

. garrotter, *v.*
gasconisme, *s. m.*
. gasconnade, *s. f.*
. gâteau, *s. m.*
. gâter, *v.*
. gauche, *adj.* et *s.*
gaude, *s. f.*
. gaufre, *s. f.*
. gaule, *s. f.*
*gausser, *v.*
. gavotte, *s. f.*
. gaz, *air*, *s. m.*
. gaze, *tissu*, *s. f.*
. gazelle, *s. f.*
. gazette, *s. f.*
. gazon, *s. m.*
. gazouiller, *v.*
. geai, *oiseau*, *s. m.*
. géant, *s. m.*
geindre, *v.*

1940

. gelée, *s. f.*
gélatine, *s. f.*
gélinotte, *s. f.*
gémeaux, *s. m. pl.*
. gémir, *v.*
*gemme, *s. f.*
. gencive, *s. f.*
. gendarme, *s. m.*
. gendre, *s. m.*
Voyez je, jan

- gêne, *s. f.*
- généalogie, *s. f.*
- général, *adj.* et *s. m.*
- génération, *s. f.*
- généreux, *adj.*
- genèse, *s. f.*
- genêt, *s. m.*
- génie, *s. m.*
- genièvre, *s. m.*
- génisse, *s. f.*
- genou, *s. m.*; *pl.* genoux.

1960

- genre, *s. m.*
- gent, *s. f.*
- gens, *s. pl. m.* et *f.*
- gentiane, *s. f.*
- gentil, *adj.*; *f.* gentille.
- gentilhomme, *s. m.*
- génuflexion, *s. f.*
- géographie, *s. f.*
- geolier, *s. m.*
- géologie, *s. f.*
- géomètre, *s. m.*
- géranium, *s. m.*
- gerbe, *s. f.*
- *gerboise, *s. f.*
- gercer, *v.*
- gérer, *v.*
- **gerfaut, *s. m.*
- germain, *adj.*
- germe, *s. m.*
- gésier, *s. m.*

1980

- geste, *s. m.*

Voyez je, gea

- **gibbosité, *s. f.*
- gibecière, *s. f.*
- gibelotte, *s. f.*
- giberne, *s. f.*
- gibet, *s. m.*
- gibier, *s. m.*
- giboulée, *s. f.*
- gigantesque, *adj.*
- gigot, *s. m.*
- gigotter, *v.*
- gigue, *s. f.*
- gilet, *s. m.*
- gimblette, *s. f.*
- gingembre, *s. m.*
- girafe, *s. f.*
- girandole, *s. f.*
- girasol, *s. m.*
- girofle, *s. m.*
- giroflée, *s. f.*

2000

- giron, *s. m.*
- girouette, *s. f.*
- gisant, *adj.*
- gît (*ci*–), *v.*
- gîte, *s. m.*
- givre, *s. m.*
- glace, *s. f.*
- glacier, *s. m.*
- glaçon, *s. m.*
- glaire, *s. f.*
- glaise (*terre*), *adj.*
- glaive, *s. m.*
- gland, *s. m.*
- **glas, *s. m.*
- *glauber (*sel de*), *s. m.*
- glossaire, *s. m.*

Voyez gy

GLO, GRAP GRA, GRO 33

glotte, s. f.
glu, s. f.
gluau, s. m.
*gluten, s. m.

2020

goailler, v.
gobelet, s. m.
*gobelotter, v.
godelureau, s. m.
**godenot, s. m.
goguenard, adj.
goître, s. m.
gomme, s. f.
gond, s. m.
gothique, adj.
gouffre, s. m.
goujat, s. m.
goulot, s. m.
goulotte, s. f.
*goure, s. f.
goût, s. m.
goutte, s. f.
grabat, s. m.
grace, ce qui charme, s. f.
grain, s. m.

2040

graine, s. f.
graisse, substance grasse, s. f.
grammaire, s. f.
gramme, s. m.
granit, s. m.
**graphique, adj.
grappe, s. f.
grappin, s. m.
Voyez gau

gras, adj. et s. ; f. grasse.
grasseyer, v.
gratis, adj.
gratter, v.
grec, adj. m. et s.
grecque, adj. f.
greffe, s. f.
*grégeois (feu), adj.
grêle, adj. et s. f.
grelot, s. m.
grelotter, v.
grenat, s. m.

2060

*grenetis, s. m.
grès, s. m.
grésil, s. m.
griffe, s. f.
griffon, s. m.
griffonnage, s. m.
griffonner, v.
grignoter, v.
gril, ustensile, s. m.
grimace, s. f.
grimaud, s. m.
grimoire, s. m.
grimpereau, s. m.
grincer, v.
griotte, s. f.
grippe, s. f.
grisonner, v.
grivois, adj. et s.
grognard, adj.
groin, s. m.

2080

*grolle, s. m.
Voyez grai

grommeler, *v.*
. gros, *adj. et s.; f.*
　　grosse.
. groseillier, *s. m.*
. grotte, *s. f.*
. gruau, *s. m.*
. grumeau, *s. m.*
. guêpe, *s. f.*
. guère, *peu, adv.*
. guerre *sanglante, s. f.*
　guet-apens, *s. m.*
. guêtre, *s. f.*
　*guillochis, *s. m.*

guillemets, *s. m. pl.*
. guimauve, *s. f.*
　guimpe, *s. f.*
. guinder, *v.*
　guingois (*de*), *adv.*
. guinguette, *s. f.*
. guitare, *s. f.*

2100

. gutte (*gomme*), *adj.*
. gymnastique, *s. f.*
. gypse, *s. m.*

G

. ha! *excl. de surprise.*
. habile, *adj.*
. habiller, *v.*
. habit, *s. m.*
. habiter, *v.*
. habitude, *s. f.*
　hâbleur, *s. m.*
. hache, *instrument, s. f.*
　hachis, *s. m.*
　hachure, *s. f.*
. hagard, *adj.*
　haha, *s. m.*
. haie, *s. f.*
. baillon, *s. m.*
. haine, *s. f.*
. haïr, *v.*
　haire, *vêtement, s. f.*

　haler, *tirer un cable, v.*
. haleter, *v.*
. halle, *s. f.*
. hallebarde, *s. f.*
　hallier, *buisson, s. m.*
**halot, *s. m.*
. halte, *s. f.*
. hamac, *s. m.*
**hamadryade, *s. f.*
. hameau, *s. m.*
. hameçon, *s. m.*
*hampe, *s. f.*
. hanche, *s. f.*
. hanneton, *s. m.*
. hanter, *fréquenter, v.*
*happe, *s. f.*
*happelourde, *s. f.*

2120

*halbran, *s. m.*
. hâle, *s. m.*
. baleine, *souffle, s. f.*
　　Voyez a, hé

2140

　happer, *v.*
*haquenée, *s. f.*
　haquet, *s. m.*
　　Voyez a

. harangue, *s. f.*
haras, *s. m.*
.. harasser, *v.*
. harceler, *v.*
. hardes, *s. f. pl.*
. hardiesse, *s. f.*
*harem, *s. m.*
. hareng, *s. m.*
. hargneux, *adj.*
. haricot, *s. m.*
haridelle, *s. f.*
. harmonie, *s. f.*
. harnais, *s. m.*
*harpagon, *s. m.*
. harpe, *s. f.*
. harpie, *s. f.*
. harpon, *s. m.*

2160

**hart, *corde*, *s. f.*
. hasard, *s. m.*
*hase, *s. f.*
. hâte, *s. f.*
**haubert, *s. m.*
. hausse-col, *s. m.*
. hausser, *v.*
. hautain, *adj.*
. hautbois, *s. m.*
. hauteur, *élévation*, *s. f.*
. hâve, *adj.*
. havre, *s. m.*
. havresac, *s. m.*
. hé! *excl.*
**heaume, *s. m.*
*hebdomadaire, *adj.*
héberger, *v.*
    Voyez a, é

. hébéter, *v.*
. hébreu, *adj.* et *s.*
*hécatombe, *s. f.*

2180

hectare, *s. m.*
hectolitre, *s. m.*
*hégire, *s. f.*
*heiduque, *s. m.*
. hélas! *excl.*
*hélice, *s. f.*
. héliotrope, *s. m.* et *f.*
*hellénisme, *s. m.*
. hémisphère, *s. m.*
hémistiche, *s. m.*
. hémorragie, *s. f.*
hémorroïdes, *s. f. pl.*
. hennir, *v.*
**hépatique, *adj.*
. héraut d'armes, *s. m.*
. herbe, *s. f.*
hère (*pauvre*), *s. m.*
. héréditaire, *adj.*
. hérésie, *s. f.*
. hérisser, *v.*

2200

. hérisson, *s. m.*
. hériter, *v.*
. hermétiquement, *adv.*
. hermine, *s. f.*
herniaire, *adj.*
. héron, *s. m.*
héronneau, *s. m.*
. héros, *guerrier*, *s. m.*
. herse, *s. f.*
    Voyez é

hésiter, v.
*hétéroclite, adj.
*hétérodoxe, adj.
*hétérogène, adj.
hêtre, arbre, s. m.
heure, s. f.
heureux, adj.
heurter, v.
*hexagone, adj. et s. m.
hiatus, s. m.
hibou, s. m. pl. des hiboux.

2220

hideux, adj.
hier, adv.
hiérarchie, s. f.
hiéroglyphe, s. m.
hilarité, s. f.
*hippiatrique, s. f.
hippopotame, s. m.
hirondelle, s. f.
hisser, v.
histoire, s. f.
histrion, s. m.
hiver, s. m.
*hobereau, s. m.
hoche, s. f.
hocher, v.
hochet, s. m.
hola! excl. et s.
holocauste, s. m.
homard, s. m.
*hombre, jeu, s. m.

2240

homélie, s. f.
homicide, s. m.
Voyez eu, œu, o, au, hy

hommage, s. m.
homme, s. m.
homogène, adj.
homonyme, adj. et s.
honnête, adj.
honneur, s. m.
honoraire, adj. et s.
honte, s. f.
hôpital, s. m.
hoquet, s. m.
*hoqueton, s. m.
horaire, adj.
*horion, s. m.
horizon, s. m.
horloge, s. f.
hormis, prép.
horoscope, s. m.
horreur, s. f.

2260

hors, dehors, excepté, prép.
hortensia, s. m.
hospice, pour les malades, s. m.
hospitalité, s. f.
hostie, s. f.
hostilité, s. f.
hôte, s. m.
hôtel, maison, s. m.
hôtellerie, s. f.
hotte, s. f.
houblon, s. m.
*houe, instrument, s. f.
houille, s. f.
houle, s. f.
houlette, s. f.
Voyez o, au, ou

HOUP, HU · HU, HYS 37

. houppe, *s. f.*
. houppelande, *s. f.*
**houri, *s. f.*
*hourvari, *s. m.*
houspiller, *v.*

2280

. housse, *s. f.*
. houssine, *s. f.*
. houx, *arbrisseau*, *s. m.*
*hoyau, *s. m.*
**huard, *s. m.*
huche, *s. f.*
. huer, *v.*
huguenot, *s. m.*
huguenotte, *s. f.*
. huile, *s. f.*
*huis, *s. m.*
. huissier, *s. m.*
. huit, *adj. num.*
. huitaine, *s. f.*
. huître, *s. f.*
hulotte, *s. f.*
. humain, *adj.* et *s.*
. humble, *adj.*
. humecter, *v.*
humer, *v.*

2300

. humeur, *s. f.*
. humide, *adj.*
. humilier, *v.*
*humus, *s. m.*
Voyez on, u

hune *de vaisseau*, *s. f.*
. huppe, *s. f.*
. hure *de sanglier*, *s. f.*
. hurler, *v.*
hurluberlu, *s. m.*
. hussard, *s. m.*
. hutte, *s. f.*
hyacinthe, *s. f.*
**hybride, *adj.*
hydraulique, *adj.*
hydre, *s. f.*
hydrogène, *adj.* et *s. m.*
. hydromel, *s. m.*
. hydrophobie, *s. f.*
. hydropisie, *s. f.*
. hyène, *s. f.*

2320

hygiène, *s. f.*
*hygromètre, *s. m.*
. hymen, *s. m.*
. hyménée, *s. m.*
. hymne, *s. m.*—*chant d'église*, *f.*
hyperbole, *s. f.*
*hyperborée, *adj.*
hypocondre, *s. m.*
hypocras, *s. m.*
. hypocrisie, *s. f.*
. hypothèque, *s. f.*
. hypothèse, *s. f.*
hysope, *s. m.*
Voyez u, i, hi

I

ibis, *s. m.*
*ichneumon, *s. m.*
**ichtyologie, *s. f.*
. ici, *adv.*
idem (*le même*).
. identique, *adj.*
. idolâtre, *adj.* et *s. m.*

2340

. idylle, *s. f.*
. ignare, *adj.*
. île *déserte*, *s. f.*
illicite, *adj.*
îlot, *s. m.*
. imaginaire, *adj.*
*iman, *s. m.*
. imbécille, *adj.* et *s.*
. immanquable, *adj.*
immatériel, *adj.*
immédiat, *adj.*
immémorial, *adj.*
. immense, *adj.*
*immersion, *s. f.*
immeuble, *s. m.*
. imminent, *adj.*
immiscer (*s'*), *v.*
. immobile, *adj.*
. immodéré, *adj.*
. immodeste, *adj.*

2360

. immoler, *v.*
. immondices, *s. f. pl.*
. immoral, *adj.*
Voyez hi, hy

. immortel, *adj.*; *f.* immortelle.
. immuable, *adj.*
immunité, *s. f.*
. impair, *adj.*
. imparfait, *adj.* et *s.*
. impartial, *adj.*
. impatiemment, *adv.*
. impatient, *adj.*
. impératrice, *s. f.*
impéritie, *s. f.*
. impertinent, *adj.*
. impie, *adj.* et *s.*
*implicite, *adj.*
. impôt, *s. m.*
. impotent, *adj.*
. imprudemment, *adj.*
. imprudent, *adj.*

2380

. impudent, *adj.*
inanition, *s. f.*
*incandescence, *s. f.*
incarcérer, *v.*
. incendiaire, *adj.*
. incendie, *s. m.*
. incertain, *adj.*
. incessamment, *adj.*
. incident, *adj.* et *s.*
. incivil, *adj.*
incohérent, *adj.*
incommensurable, *adj.*
. incommode, *adj.*
Voyez inh

incompétent, *adj.*
. incompréhensible, *adj.*
. inconséquent, *adj.*
. incontinent, *adj. et adv.*
. inconvénient, *s. m.*
. incorrect, *adj.*
. incorruptible, *adj.*

2400

. incursion, *s. f.*
. indécent, *adj.*
. indéchiffrable, *adj.*
. indécis, *adj.*
. indécrottable, *adj.*
. indemniser, *v.*
. indépendant, *adj.*
index, *s. m.*
. indice, *s. m.*
indicible, *adj.*
. indifférent, *adj.*
indigène, *adj. et s.*
indigent, *adj. et s.*
. indigo, *s. m.*
. indiscipline, *s. f.*
. indispensable, *adj.*
. indocile, *adj.*
. indolent, *adj.*
indompté, *adj.*
. indulgent, *adj.*

2420

ineffable, *adj.*
. ineptie, *s. f.*
inertie, *s. f.*
. infâme, *adj.*
. infect, *adj.*
. inflammable, *adj.*
Voyez ain

. influence, *s. f.*
. ingrédient, *s. m.*
. inhabile, *adj.*
. inhumain, *adj.*
. inhumer, *v.*
initial, *adj.*
. initier, *v.*
injecter, *v.*
. innocent, *adj.*
innover, *v.*
. insatiable, *adj.*
. insensé, *adj.*
. insertion, *s. f.*
. insolent, *adj.*

2440

. instamment, *adj.*
. instinct, *s. m.*
. insulaire, *adj. et s.*
. intact, *adj.*
. intelligence, *s. f.*
. intempérance, *s. f.*
intempérie, *s. f.*
. intendant, *s. m.*
intense, *adj.*
. intenter, *v.*
. intention, *s. f.*
. intercéder, *v.*
. intercepter, *v.*
. intérêt, *s. m.*
* intérim (par), *loc. adv.*
. interjection, *s. f.*
. intermédiaire, *adj.*
*intermittent, *adj.*
interpeller, *v.*
Voyez ain

. interprète, *s. m.*

2460

. interroger, *v.*
. interrompre, *v.*
. intervalle, *s. m.*
intervention, *s. f.*
. intraitable, *adj.*
*intuition, *s. f.*
. inventaire, *s. m.*

. inventer, *v.*
. invincible, *adj.*
. ipécacuanha, *s. m.*
. irascible, *adj.*
iris, *s. m.*
. irriter, *v.*
. irruption, *s. f.*
. isthme, *s. m.*
. ivoire, *s. m.*
ivraie, *s. f.*

J

. jabot, *s. m.*
. jadis, *adv.*
. jais, *pierre*, *s. m.*

2480

jalap, *s. m.*
. jaloux, *adj.*
. jamais, *adv.*
. jambonneau, *s. m.*
janissaire, *s. m.*
. japper, *v.*
*jaquemart, *s. m.*
jargonner, *v.*
jarre, *vase*, *s. f.*
. jarret, *s. m.*
. jarretière, *s. f.*
*jars, *oiseau*, *s. m.*
. jatte, *s. f.*
jauge, *s. f.*
. jaune, *adj.*
. jaunisse, *s. f.*
. javelot, *s. m.*
Voyez inti

. jérémiade, *s. f.*
. jet d'eau, *s. m.*
. jeter, *v.*

2500

. jeton, *s. m.*
. jeu, *s. m.*
. jeun (à), *adv.*
. jeune, *adj.*
. jeûner, *v.*
. joaillier, *s. m.*
. jonc, *s. m.*
. joufflu, *adj.*
. joug, *s. m.*
jouvenceau, *s. m.*
. joyau, *s. m.*
judiciaire, *adj. et s. f.*
. juillet, *s. m.*
. jumeau, *s. m.*
. jument, *s. f.*
. jus, *s. m.*
. justice, *s. f.*
Voyez je, gi, geo, hi, hy

K

*kakatoès, s. m.
kan, *chef,* s. m.
***kanguroo, s. m.

2520

kermès, s. m.

kilogramme, s. m.
kiosque, s. m.
kirsch-wasser, s. m.
*knout, s. m.
kyrielle, s. f.
*kyste, s. m.

L

là (*allez*), adv.
laboratoire, s. m.
labyrinthe, s. m.
*lacérer, v.
lacet, s. m.
lâche, adj.
lâcher, v.
**lacrymal, adj.
lacs, *cordon,* s. m.
laid, *vilain,* adj.
laine, s. f.
laisse, s. f.
laisser, v.
lait, *liquide,* s. m.

2540

laitance, *ou* laite, s. f.
*laiteron, s. m.
laitue, s. f.
lambeau, s. m.
lambris, s. m.
lamenter (*se*), v.
lance, s. f.
landau, s. m.
Voyez le, len, qu

lapereau, s. m.
lapidaire, s. m.
lapis, s. m.
laponne, adj. et s. f.
laps, s. m.
laquais, s. m.
larcin, s. m.
lard, s. m.
larron, s. m.
**larynx, s. m.
las, f. lasse, adj.
lascif, adj.

2560

*latent, adj.
latte, s. f.
lattis, s. m.
**laudes, s. f. pl.
*lauréat, adj. et s.
laurier, s. m.
lavis, s. m.
layette, s. f.
**lazaret, s. m.
lazzi, s. m.

Voyez qui, lo

4

. leçon, *s. f.*
*légat, *s. m.*
légataire, *adj. et s.*
*légende, *s. f.*
. légèreté, *s. f.*
. legs, *donation*, *s. m.*
. lendemain, *s. m.*
**lendore, *s. m.*
. lent, *adj.*
. lente, *s. f.*

2580

. lentille, *s. f.*
**lentisque, *s. m.*
. léopard, *s. m.*
**lérot, *s. m.*
lest, *pour lester*, *s. m.*
. léthargie, *s. f.*
. lettre, *s. f.*
*leurre, *appât*, *s. m.*
levain, *s. m.*
. levraut, *s. m.*
. lézard, *s. m.*
*liais (*pierre de*), *s. m.*
. liaison, *s. f.*
. liard, *s. m.*
libelle, *s. m.*
. libraire, *s. m.*
lice, *chienne*, *s. f.*
. licence, *s. f.*
**lichen, *s. m.*
licite, *adj.*

2600

. lierre, *s. m.*
. lilas, *s. m.*
. limaçon, *s. m.*
Voyez lai, lan, lam, ly

*limitrophe, *adj.*
. limonade, *s. f.*
*limoneux, *adj.*
. linceul, *s. m.*
linéaire, *adj.*
. lingot, *s. m.*
**liniment, *s. m.*
. linotte, *s. f.*
**linteau, *s. m.*
. lionceau, *s. m.*
**lippe, *s. f.*
*liquoreux, *adj.*
liquoriste, *s. m.*
. lis, *fleur*, *s. m.*
. lisse, *uni et poli*, *adj.*
. lit, *s. m.*
litharge, *s. f.*

2620

. lithographie, *s. f.*
. littéraire, *adj.*
. locataire, *s. m.*
**logarithme, *s. m.*
. logis, *s. m.*
*logogriphe, *s. m.*
. loi, *s. f.*
. lointain, *adj. et s.*
. lord, *titre*, *s. m.*
. loriot, *s. m.*
. lors *de, à l'époque*, *prép.*
. lot, *s. m.*
. loterie, *s. f.*
*lotte, *s. f.*
. loup, *s. m.*
. lourdaud, *s. m.*
. loyauté, *s. f.*
Voyez ly, lau

LOY, MAI   LUT, MAN

. loyer, *s. m.*
* lucide, *adj.*
lut, *enduit*, *s. m.*

2640

. luth, *instrument*, *s. m.*
* luthérien, *adj.*

. lutte, *combat*, *s. f.*
. luzerne, *s. f.*
** lycanthrope, *s. m.*
. lycée, *s. m.*
** lymphe, *s. f.*
. lynx, *s. m.*
. lyre *sonore*, *s. f.*

M

** macaque, *s. m.*
* macédoine, *s. f.*
* macérer, *v.*
mâche, *s. f.*
. mâcher, *v.*
* machicot, *s. m.*
* macis, *s. m.*
. maçon, *s. m.*
** macque, *s. f.*
** macrocéphale, *s. m.*
. mademoiselle, *s. f.*

2660

. madras, *s. m.*
. mafflé, *adj.*
. magicien, *s. m.*
. magister *de village*, *s. m.*
. magistrat, *s. m.*
. magnificence, *s. f.*
. magot, *s. m.*
. mahométan, *adj. et s.*
. mai, *mois*, *s. m.*
. maigre, *adj.*
. maillot, *s. m.*
main *ouverte*, *s. m.*
   Voyez me, min

. maint *homme*, *adj. num.*
. maintenant, *adv.*
. maintien, *s. m.*
. maire, *magistrat*, *s. m.*
. maïs, *s. m.*
. maisonnette, *s. f.*
. maître, *s. m.*
. majesté, *s. f.*

2680

. majeur, *adj.*
** maki, *s. m.*
. mâle, *adj.*
maléfice, *s. m.*
. malencontreux, *adj.*
. malentendu, *s. m.*
. malfaiteur, *s. m.*
. malfesant, *adj.*
. malheur, *s. m.*
. malice, *s. f.*
. malle, *coffre*, *s. f.*
** maltôte, *s. f.*
* mammifère, *adj. et s.*
. manant, *s. m.*
** mancenillier, *s. m.*
   Voyez me

** mandrill, *s. m.*
mânes, *âmes des morts,*
  ombres, *s. m.*
** manganèse, *s. f.*
. mangeable, *adj.*
** mangeure, *s. f.*

2700

. maniment, *s. m.*
. manne, *s. f.*
. mannequin, *s. m.*
. manœuvre, *s. m. et f.*
. manteau, *s. m.*
. mantelet, *s. m.*
* manutention, *s. f.*
. mappemonde, *s. f.*
. maquereau, *s. m.*
. marabout, *s. m.*
. marais, *s. m.*
. maraud, *s. m.*
. maraude, *s. f.*
. marc, *poids*, *s. m.*
. marc *de café*, *s. m.*
* marcotte, *s. f.*
. mare *d'eau*, *s. f.*
  maréchaussée, *s. f.*
* margouillis, *s. m.*
. marguillier, *s. m.*

2720

. marionnette, *s. f.*
** marivaudage, *s. m.*
. marjolaine, *s. f.*
. marmot, *s. m.*
. marmotte, *s. f.*
. marmotter, *v.*
. marotte, *s. f.*
  Voyez men

  marquisat, *s. m.*
. marraine, *s. f.*
  marre, *instrument*,
    s. f.
** marri (*fâché*), *adj.*
. marronnier, *s. m.*
** marrube, *s. m.*
. mars, *s. m.*
. marteau, *s. m.*
. martial, *adj.*
. martyr, *qui souffre*,
    adj. et s. m.
. martyre, *qui souffre*,
    adj. et s. f.
. martyre, *souffrance*,
    s. m.
. masque, *s. m.*

2740

* massepain, *s. m.*
. mât *de vaisseau*, *s. m.*
. mat, *brut*, *adj.*
** matamore, *s. m.*
. matelas, *s. m.*
. matelot, *s. m.*
. matelotte, *s. f.*
. matériaux, *s. m. pl.*
. mathématiques, *s. f. pl.*
. mâtin, *s. m.*
. matois, *adj. et s. m.*
. matras, *s. m.*
* matrone, *s. f.*
. maudire, *v.*
. maure, *de la Maurita-*
    nie, *adj. et s.*
. mausolée, *s. m.*
. maussade, *adj.*
  Voyez mo

. mauvais, adj.
. mauve, s. f.
. mauviette, s. f.

2760

maximum, s. m.
. mazette, s. f.
. méchamment, adv.
. méchanceté, s. f.
. mécompte, s. m.
. méconnaître, v.
. mécontent, adj.
. médaillier, s. m.
. médecin, s. m.
. médicament, s. m.
. méditerranée, s. f.
*médium, s. m.
mégissier, s. m.
**meigle, s. f.
. meilleur, adj.
. mêler, v.
*mélèze, s. m.
. mélisse, s. f.
mélilot, s. m.
**membrane, s. f.

2780

. membre, s. m.
. même, adj. et adv.
mémento, s. m.
. menace, s. f.
. mendier, v.
. menotte, s. f.
**mense, table, s. f.
. mensonge, s. m.
*mensuel, adj.
. mental, adj.
  Voyez mai, man

. menthe, plante, s. f.
. mention, s. f.
. mentir, v.
. menton, s. m.
. mentor, s. m.
méphitique, adj.
*méplat, s. m.
. méprendre, v.
. mer, eau salée, s. f.
. mercenaire, adj.

2800

. merci, s. f.
. mercier, s. m.
. mérinos, s. m.
**merrain, s. m.
. messie, s. m.
. messieurs, s. m. pl.
. métairie, s. f.
. métamorphose, s. f.
. métaphore, s. f.
. métaphysique, adj. et
  s. f.
*métayer, s. m.
métempsycose, s. f.
. météore, s. m.
. méthode, s. f.
*métis, adj. et s.
*métonymie, s. f.
. mètre, mesure, s. m.
. mets délicat, s. m.
. mettre, v.
**mezzo-termine, s. m.

2820

. miauler, v.
. mieux, adv.
  Voyez man, mai

*mignoter, v.
. migraine, s. f.
. mijoter, v.
*miliaire (fièvre), adj.
. milice, s. f.
. militaire, adj. et s.
. mille, distance, s. m.
. mille, dix fois cent, adj. num., invariable.
. milliard, s. m.
. million, s. m.
. millionième, adj. et s. m.
. milord, s. m.
. minauderie, s. f.
minimum, s. m.
. mince, adj.
*minerai, s. m.
. miniature, s. f.
**minium, s. m.

2840

. minois, s. m.
*minot, s. m.
. minuit, s. m.
. minute, s. f.
*misaine, s. f.
misanthrope, s. m.
**miscible, adj.
*missel, s. m.
. mission, s. f.
. missionnaire, s. m.
. mitaine, s. f.
modicité, s. f.
. moelle, s. f.
. moellon, s. m.
mœurs, s. f. pl.
Voyez my, mer, mau

. moineau, s. m.
. moins, adv.
. mois, s. m.
. moka, s. m.
*molaire (dent), adj.

2860

môle, s. m. et f.
. mollesse, s. f.
. molleton, s. m.
*mollusques, s. m. pl.
. moment, s. m.
monaut (chien), adj.
. monceau, s. m.
mondain, adj.
monitoire, s. m.
. monnaie, s. f.
. monosyllabe, s. m.
. monsieur, s. m.
. montée, s. f.
. morceau, s. m.
. more ou maure, nègre, adj. et s. m.
moricaud, adj.
. mors d'un cheval, s. m.
. mortuaire, adj.
. mot, s. m.
. motte, s. f.

2880

*motus, interject.
. mouchard, s. m.
*moucherolle, s. m.
mousquetaire, s. m.
. mousseline, s. f.
. moût de vin, s. m.
*muid, s. m.
Voyez mau

MUL, NÉA   MUS, NID   47

. mulot, *s. m.*
. municipal, *adj.*
. munificence, *s. f.*
. munition, *s. f.*
. mûr, *en maturité, adj.*
. mûre, *fruit, s. f.*
*musaraigne, *s. f.*
. museau, *s. m.*
. muscat, *adj. et s.*

. musée, *s. m.*
. muséum, *s. m.*
. myope, *adj. et s.*
myriade, *s. f.*
     2900
myriamètre, *s. m.*
myrrhe, *gomme, s. f.*
. myrte, *s. m.*
. mystère, *s. m.*

N

nacarat, *adj.*
. nacelle, *s. f.*
. nageoire, *s. f.*
. nain, *s. m.; f.* naine.
. naissance, *s. f.*
. naître, *v.*
. nankin, *s. m.*
**naphte, *s. f.*
. nappe, *s. f.*
. narcisse, *s. m.*
**nard, *s. m.*
narrer, *v.*
. naseau, *s. m.*
. national, *adj.*
. natte, *s. f.*
. naufrage, *s. m.*

. néant, *s. m.*
. nécessaire, *adj. et s.*
. nef, *s. f.*
. négligemment, *adv.*
. négligent, *adj.*
. négoce, *s. m.*
. négociant, *s. m.*
. neige, *s. f.*
**nenni, *express. nég.*
**nénuphar, *s. m.*
**néophyte, *s. m.*
*néphrétique, *adj.*
. nerf, *s. m.*
. nettoyer, *v.*
. neuvaine, *s. f.*

     2920

**naumachie, *s. f.*
. nausée, *s. f.*
*nautile, *s. m.*
*nautonnier, *s. m.*
. néanmoins, *adv.*
  Voyez ne, nei, no

     2940

. nez *camus, s. m.*
. niais, *adj.*
**nickel, *s. m.*
*nicotiane, *s. f.*
. nid *d'oiseau, s. m.*
  Voyez nai, nœu

48   NIE, OBS   NOT, OCC

. nièce, *s. f.*
. nigaud, *adj.*
** nilghaut, *animal*, *s. m.*
. nippes, *s. f.*
. niveau, *s. m.*
. noce, *s. f.*
*nocher, *s. m.*
. nœud, *s. m.*
*noiraud, *adj.*
. noircir, *v.*
. noix, *s. f.*
. nom *d'un objet*, *s. m.*
. nomenclature, *s. f.*
. nomination, *s. f.*
. nommer, *v.*

2960

. nonchalant, *adj.*
*nonnain, *s. f.*
. nonne, *s. f.*
. nonpareille, *s. f.*
. nord, *s. m.*
. notaire, *s. m.*

. notariat, *s. m.*
. note, *s. f.*
. notice, *s. f.*
. nôtre (*le*), *pron.*
. nougat, *s. m.*
. nourrice, *s. f.*
. nourrir, *v.*
. nourrisson, *s. m.*
. nouveauté, *s. f.*
nouvelliste, *s. m.*
. novembre, *s. m.*
. novice, *adj.*
. noyau, *s. m.*
. nuance, *s. f.*

2980

. nuit, *s. f.*
. nul, *f.* nulle, *adj.*
. nuitamment, *adv.*
. numéraire, *s. m.*
. numéro, *s. m.*
. nuptial, *adj.*
. nymphe, *s. f.*

O

**obédience, *s. f.*
obélisque, *s. m.*
objecter, *v.*
. objet, *s. m.*
. obligeant, *adj.*
obscène, *adj.*
. obscurcir, *v.*
. obséder, *v.*
Voyez nym, nau, au, ho

obsèques, *s. f. pl.*
*obtempérer, *v.*
*obtention, *s. f.*
obus, *s. m.*
. occasion, *s. f.*

3000

** occasionnel, *adj*
Voyez nau, au

- occasionner, v.
- occident, s. m.
*occiput, s. m.
*occulte, adj.
- occuper, v.
  occurrence, s. f.
- océan, s. m.
**ocelot, s. m.
  octogénaire, adj. et s.
  oculaire, adj. et s.
  odorat, s. m.
- odoriférant, adj.
**œcuménique, adj.
- œil, s. m.
- œillet, s. m.
*œsophage, s. m.
- œuf, s. m.
- œuvre, s. m. et f.
- offense, s. f.

3020

offertoire, s. m.
- office, s. m. et f.
- offrir, v.
- offusquer, v.
*ognonière, s. f.
oing, graisse, s. m.
*olibrius, s. m.
*olographe, adj.
olympe, s. m.
olympiade, s. f.
- omelette, s. f.
- omission, s. f.
*omphalocèle, s. f.
- once, s. f.
- onguent, s. m.
*ophtalmie, s. f.
    Voyez au, ho

opiat, s. m.
- opium, s. m.
- opportun, adj.
- opposer, v.

3040

- oppresser, v.
- opprimer, v.
  opprobre, s. m.
- opulemment, adv.
- opulence, s. f.
- oraison, s. f.
*orang-outang, s. m.
- oratoire, s. m.
- orchestre, s. m.
**orchis, s. m.
- ordinaire, adj.
- ordonner, v.
- oreiller, s. m.
  orémus, s. m.
- orgeat, s. m.
- orgueil, s. m.
- orient, s. m.
  orifice, s. m.
*oriflamme, s. f.
- originaire, adj.

3060

**oripeau, s. m.
**ornithologie, s. f.
- orphelin, adj. et s.
*orpiment, s. m.
*orthodoxe, adj. et s.
- orthographe, s. f.
  osciller, v.
- ossements, s. m. pl.
- ostensible, adj.
    Voyez au, ho

5

OST, PAN — OUT, PAR

*oxymel, s. m.
**ostracisme, s. m.
. ôter, v.
. où, pron. ou adv.
. ouate, s. f.
. outil, s. m.
. outrageant, adj.

. ovale, adj. et s.
*oxycrat, s. m.
oxyde, s. m.
oxygène, s. m.

3080

ostentation, s. f.

P

. pacifier, v.
. paiement, s. m.
. païen, adj. et s.
. pain, aliment, s. m.
. pair de France, s. m.
. pair (nombre), adj.
. paire, couple, s. f.
. paître, v.
. paix conclue, s. f.
. palais enchanté, s. m.
. pâle, adj.
. palefrenier, s. m.
. palier, s. m.
. pallier, v.
. pâmer, v.
pamphlet, s. m.
*panacée, s. f.
. panais, s. m.
. panaris, s. m.

3100

*pandoure, s. m.
panégyrique, s. m.
*panne, s. f.

. panneau de bois, s. m.
panse (grosse), s. f.
. panser un cheval, v.
panthéon, s. m.
. paon, oiseau, s. m.
. paonneau, oiseau, s. m.
papauté, s. f.
**papayer, s. m.
**papegai, s. m.
*papelard, s. m.
. paperasse, s. f.
. papetier, s. m.
. papillote, s. f.
*papyrus, s. m.
. paquebot, s. m.
. pâque, s. f.
. paradis, s. m.

3120

. parafe, s. m.
paragraphe, s. m.
. paraître, v.
. parallèle, adj. et s.
. paralysie, s. f.

Voyez wi, ho, au, pei   Voyez pen

paraphrase, s. f.
· parapluie, s. m.
· parasol, s. m.
· paravent, s. m.
· parcelle, s. f.
· parcimonie, s. f.
· pardonner, v.
· parement, s. m.
· parent, s. m.
· parenté, s. f.
parenthèse, s. f.
· parfait, adj.
· parfum, s. m.
*pariétaire, s. f.
· parlement, s. m.

3140

paroi, s. f.
*paroxisme, s. m.
**parpaing, s. m.
· parrain, s. m.
parricide, adj. et s.
· part, s. f.
*partenaire, s. m.
· partial, adj.
· participer, v.
*parvis, s. m.
· passementier, s. m.
· pataraffe, s. f.
· pataud, adj.
patauger, v.
· pâte, s. f.
patelin, adj.
· patène, s. f.
*patent, adj.
· patente, s. f.
· pater, prière, s. m.

3160

patère, vase, ornement, s. f.
pathétique, adj.
**pathologie, s. f.
*pathos, s. m.
· patiemment, adv.
· patience, s. f.
· pâtir, v.
· pâtisserie, s. f.
· patois, s. m.
· pâtre, s. m.
*patricien, s. m.
patronal, adj.
· patte de chien, s. f.
· pâture, s. f.
· paume de la main, s. f.
· paupière, s. f.
· pause, repos, s. f.
· pauvre, adj. et s.
pavie, s. m.
pavois, s. m.

3180

· pavot, s. m.
· pays, s. m.
· paysanne, s. f.
· peau fine, s. m.
· peaussier, s. m.
· pêche, s. f.
· pêcher du poisson, v.
pécuniaire, adj.
· pédanterie, s. f.
peigne, s. m.
· peindre, v.
· peine, douleur, s. f.
Voyez pai, po

PER, PER | PER, PHI

pékin, s. m.
. pêle-mêle, adv.
. pelisse, s. f.
. pelleterie, s. f.
. pelote, s. f.
. peloton, s. m.
. pelouse, s. f.
. pelure, s. f.

3200

. penaud, adj.
. penchant, s. m.
. pencher, v.
. pendant, prép. et s.
. pendard, s. m.
. pendre, v.
. pendule, s. f. et m.
. pêne de serrure, s. m.
. pénitent, adj. et s.
. pensée, fleur, s. f.
. penser, imaginer, v.
. pension, s. f.
. pensionnat, s. m.
. pensum, s. m.
*pentagone, s. m.
**pentateuque, s. m.
. pente, s. f.
. pentecôte, s. f.
. percer, v.
percevoir, v.

3220

percussion, s. f.
. perdreau, s. m.
. perdrix, s. f.
. père de famille, s. m.
*péremptoire, adj.
Voyez pai, pan

périphrase, s. f.
permanent, adj.
. pernicieux, adj.
*péronnelle, s. f.
. perpendiculaire, adj.
. perron, s. m.
. perroquet, s. m.
. perruque, s. f.
. persécution, s. f.
. persévérance, s. f.
. persévérer, v.
. persil, s. m.
. persister, v.
personne, s. f. et m.
pertinemment, adv.

3240

*pertuis, s. m.
*pervenche, s. f.
. pervers, adj.
. pestilentiel, adj.
. pétard, s. m.
*pétrole, s. m.
. pétulant, adj.
*phaéton, s. m.
. phalange, s. f.
. phare qui éclaire, s. m.
pharisien, s. m.
. pharmacie, s. f.
**pharynx, s. m.
phase, s. f.
*phébus, s. m.
. phénix, s. m.
. phénomène, s. m.
. philantrope, s. m.
**philippique, s. f.
Voyez pai, fa, fé, fi

*philologue, *s. m.*

3260

. philosophe, *s. m.*
* philtre, *breuvage*, *s. m.*
. phoque, *s. m.*
. phosphore, *s. m.*
. phrase, *s. f.*
. phthisie, *s. f.*
. physique, *s. f. et m.*
*physiologie, *s. f.*
. physionomie, *s. f.*
. piauler, *v.*
. pièce, *s. f.*
. pied, *s. m.*
pied-bot, *s. m.*
. pierre, *s. f.*
. pigeon, *s. m.*
**pilau, *riz*, *s. m.*
*pilotis, *s. m.*
. pilule, *s. f.*
. pimpant, *adj.*
. pinceau, *s. m.*

3280

. pincer, *v.*
. pinçon, *blessure*, *s. m.*
pique-nique, *s. m.*
. piqûre, *s. f.*
. pis, *pire*, *adj. et adv.*
. pissenlit, *s. m.*
. pitance, *s. f.*
. pivert, *s. m.*
. pivot, *s. m.*
. place, *s. f.*
. placet, *s. m.*
Voyez fi, pein, pen, py

. plafond, *s. m.*
*plagiaire, *s. m.*
*plagiat, *s. m.*
. plaider, *v.*
plain, *uni*, *adj.*
. plaindre, *v.*
. plaine *étendue*, *s. f.*
. plaire, *v.*
. plancher, *s. m.*

3300

plancheyer, *v.*
. planète, *s. f.*
. plant *d'arbres*, *s. m.*
. plantain, *s. m.*
. plâtras, *s. m.*
. plâtre, *s. m.*
plausible, *adj.*
. plein, *rempli*, *adj.*
plénipotentiaire, *adj. et s. m.*
. plinthe *de bois*, *s. f.*
. plongeon, *s. m.*
* plumetis, *broderie*, *s. m.*
. plupart (*la*), *s. f.*
. plusieurs, *adj. num.*
. plutôt, *adv.*
. poêle, *s. m. et f.*
. poêlon, *s. m.*
. poème, *s. m.*
. poids, *qui pèse*, *s. m.*
. poignard, *s. m.*

3320

. poinçon, *s. m.*
. poing, *main fermée*, *s. m.*

Voyez pau

POI, POU POU, PRO

- point, *s. et adv.*
- pois, *légume, s. m.*
- poix, *résine, s. f.*
- pôle, *s. m.*
- police, *s. f.*
- polygamie, *s. f.*
- *polygone, *s. m.*
- *polype, *s. m.*
- polysyllabe, *s. m.*
- pommade, *s. f.*
- pomme, *s. f.*
- ponceau, *adj. m.*
- *poncire, *s. m.*
- *poncis, *s. m.*
- pont, *s. m.*
- pontife, *s. m.*
- pont-levis, *s. m.*
- populace, *s. f.*

3340

- populaire, *adj.*
- porcelaine, *s. f.*
- pore *de la peau, s. m.*
- porphyre, *s. m.*
- porreau, *s. m.*
- port *de mer, s. m.*
- portion, *s. f.*
- portrait, *s. m.*
- posthume, *adj.*
- possession, *s. f.*
- potée, *s. f.*
- potence, *s. f.*
- potentat, *s. m.*
- pouce, *s. m.*
- *pouffer, *v.*
- poulailler, *s. m.*
- poulain, *s. m.*
  Voyez pau, pun

- pouls *qui bat, s. m.*
- poupard, *s. m.*
- pourceau, *s. m.*

3360

- prairie, *s. f.*
- praticable, *adj.*
- *préau, *s. m.*
- précaution, *s. f.*
- précédent, *adj.*
- précéder, *v.*
- précepte, *s. m.*
- prêcher, *v.*
- précieux, *adj.*
- précipice, *s. m.*
- précipitamment, *adv.*
- précoce, *adj.*
- prédécesseur, *s. m.*
- préface, *s. f.*
- préférence, *s. f.*
- préjudice, *s. m.*
- prélat, *s. m.*
- prémices, *s. f. pl.*
- prendre, *v.*
- prépondérant, *adj.*

3380

- près *de moi, prép.*
- prêt, *adj. et s. m.*
- *privauté, *s. f.*
- prix, *s. m.*
- procéder, *v.*
- procès, *s. m.*
- procession, *s. f.*
- prochain, *adj. et s. m.*
- *profès, *adj.*
- prohiber, *v.*

PRO, QUA PRU, QUA 55

- programme, *s. m.*
- progrès, *s. m.*
- projet, *s. m.*
- prompt, *adj.*
- prône, *s. m.*
- prononcer, *v.*
- propension, *s. f.*
- prophète, *s. m.*
- prophétie, *s. f.*
- propice, *adj.*

3400

- * propitiation, *s. f.*
- proportion, *s. f.*
- propos, *s. m.*
- propriétaire, *s. m.*
- * prosélyte, *adj. et s.*
- prospectus, *s. m.*
- * protée, *s. m.*
- protêt, *s. m.*
- protocole, *s. m.*
- providence, *s. f.*

- prudence, *s. f.*
- * prud'homie, *s. f.*
- psaume, *s. m.*
- *pseudonyme, *adj. et s.*
- puce, *insecte*, *s. f.*
- puéril, *adj.*
- puis, *ensuite*, *adv.*
- puits *creusé*, *s. m.*
- pulluler, *v.*
- punch, *s. m.*

3420

- pupille, *s. m. et f.*
- * purulent, *adj.*
- pus, *s. m.*
- putois, *s. m.*
- * pygmée, *s. m.*
- pylore, *s. m.*
- pyramide, *s. f.*
- pyrite, *s. f.*
- * pyrrhique, *adj.*

Q

- quadrille, *s. m. et f.*
- quadrupède, *s. m.*
- quai, *s. m.*
- ** quaiche, *s. m.*
- quaker, *s. m.*
- qualité, *s. f.*
- quand, *conj.*
- quant à, *prép.*
- quantité, *s. f.*
- quarante, *adj. num.*

Voyez ca, ka

- quart, *quatrième partie*, *s. m.*

3440

- * quartaut, *s. m.*
- quarteron, *s. m.*
- quartier, *s. m.*
- * quasi, *adv.*
- quasimodo, *s. f.*
- quatorze, *adj. num.*

Voyez ca, ka

. quatrain, s. m.
. quatre, adj. num.
. querelle, s. f.
. quête, s. f.
* quidam, s. m.
* quinaud, adj.
. quincaillier, s. m.
. quintessence, s. f.
. quiproquo, s. m.

. quittance, s. f.
. quitte, adj.
. quitter, v.
quolibet, s. m.
quotidien, adj.

3460

quotient, s. m.
* quotité, s. f.

R

rabâcher, v.
. rabais, s. m.
. rabat, s. m.
rabbin, s. m.
râble, s. m.
. raccommoder, v.
. raccorder, v.
. raccourcir, v.
. race, s. f.
. rachat, s. m.
. racine, s. f.
. radeau, s. m.
. radis, s. m.
. raffermir, v.
. raffiner, v.
. raffoler, v.
. rafraîchir, v.
. ragoût, s. m.

3480

* raifort, s. m.
. rainette, s. f.
. rainure, s. f.
Voy. ca, ka, ki; rei, rha

raiponce, plante, s. f.
* rais d'une roue, s. m.
. raisin, s. m.
râle, s. m.
. ralliement, s. m.
. rallonger, v.
. rallumer, v.
ramassis, s. m.
. ramoner, v.
. rançon, s. f.
rapace, adj.
râpe, s. f.
rapetasser, v.
* rapt, s. m.
. rat, s. m.
. ratafia, s. m.
. rateau, s. m.

3500

. rauque, adj.
. ravauder, v.
. rayer, v.
. rebelle, adj. et s.
Voyez rei, ren

- rebiffer, *v.*
- rebours, *s. m.*
- rebuffade, *s. f.*
- rébus, *s. m.*
- réchaud, *s. m.*
- réchauffer, *v.*
- récif, *s. m.*
- récalcitrant, *adj.*
- recéler, *v.*
- recensement, *s. m.*
- récent, *adj.*
- * récépissé, *s. m.*
- réceptacle, *s. m.*
- réception, *s. f.*
- recette, *s. f.*
- récidive, *s. f.*

3520

- récipient, *s. m.*
- réciter, *v.*
- recommander, *v.*
- récompenser, *v.*
- recors, *s. m.*
- recours, *s. m.*
- recueil, *s. m.*
- reddition, *s. f.*
- réduire, *v.*
- réduit, *s. m.*
- référendaire, *s. m.*
- réflexion, *s. f.*
- reflux, *s. m.*
- refrain, *s. m.*
- régent, *s. m.*
- régicide, *s. m.*
- regître, *s. m.*
- regretter, *v.*

Voyez rai

- reine, *qui règne*, *s. f.*
- reins, *s. m. pl.*

3540

- relais, *s. m.*
- reliquaire, *s. m.*
- reliquat, *s. m.*
- remercier, *v.*
- réminiscence, *s. f.*
- remords, *s. m.*
- rempart, *s. m.*
- remplacer, *v.*
- remployer, *v.*
- renard, *s. m.*
- rencontrer, *v.*
- rendre, *v.*
- rêne, *guide*, *s. f.*
- renégat, *s. m.*
- renfort, *s. m.*
- renne, *animal*, *s. m.*
- rente, *s. f.*
- renverser, *v.*
- renvoi, *s. m.*
- repaire, *s. m.*

3560

- repas, *s. m.*
- repentir (*se*), *v.*
- répertoire, *s. m.*
- répit, *s. m.*
- réponse, *s. f.*
- répréhensible, *adj.*
- reptile, *s. m.*
- républicain, *adj. et s.*
- requête, *s. f.*
- * requiem, *s. m.*
- * rescrit, *s. m.*

Voyez rai

- résidence, *s. f.*
- résous, *adj.*
- ressembler, *v.*
- ressentir, *v.*
- ressort, *s. m.*
- ressusciter, *v.*
- restaurateur, *s. m.*
- restreindre, *v.*
- résultat, *s. m.*

3580

- résurrection, *s. f.*
- réticence, *s. f.*
- rétention, *s. f.*
- retentir, *v.*
- retraite, *s. f.*
- rets, *filet, s. m.*
- retors, *adj.*
- rétrécir, *v.*
- revêche, *adj.*
- revendiquer, *v.*
- rêver, *v.*
- révérence, *s. f.*
- révérend, *adj.*
- revers, *s. m.*
- rez-de-chaussée, *s. m.*
- rhabiller, *v.*
- rhétorique, *s. f.*
- rhinocéros, *s. m.*
** rhombe, *s. m.*
- rhubarde, *s. f.*

3600

- rhumatisme, *s. m.*

Voyez rai, ru

- rhume, *s. m.*
** rhythme, *s. m.*
- richard, *s. m.*
- rideau, *s. m.*
- rincer, *v.*
* rit, *coutume, s. m.*
- riz, *plante, s. m.*
- rocher, *s. m.*
- rôder, *v.*
- rodomont, *s. m.*
- rôle, *s. m.*
- romain, *adj. et s.*
- ronce, *s. f.*
- rosace, *s. f.*
- rosaire, *s. m.*
* rosat, *adj. m.*
- roseau, *s. m.*
- rossignol, *s. m.*
* rossolis, *s. m.*

3620

- rôt, *s. m.*
- rôtir, *v.*
- rougeâtre, *adj.*
- rougeaud, *adj.*
- rougeole, *s. f.*
- rousse, *adj. f.*
- roux, *adj. m.*
- royaume, *s. m.*
- rubis, *s. m.*
- rudiment, *s. m.*
- ruisseau, *s. m.*
- rum, *liqueur, s. m.*
- rustaud, *s. m.*

Voyez rhu, rhi

S

- sabbat, *s. m.*
- sabot, *s. m.*
- saccader, *v.*
- saccager, *v.*
- sacerdoce, *s. m.*
- sacramental, *adj.*
- sacrifice, *s. m.*

3640

- sacristain, *s. m.*
- sagittaire, *s. m.*
- saigner, *v.*
- sain, *salubre, adj.*
- saindoux, *s. m.*
- sainfoin, *s. m.*
- saint, *sanctifié, adj.* et *s.*
- saisir, *v.*
- saison, *s. f.*
- salaud, *adj.*
- salep, *s. m.*
- salutaire, *adj.*
- salle, *pièce, s. f.*
- salmigondis, *s. m.*
- salmis, *s. m.*
- salpêtre, *s. m.*
- salsifis, *s. m.*
- salut, *s. m.*
- samedi, *s. m.*
- sanctuaire, *s. m.*

3660

- sang, *liquide, s. m.*
- sanglotter, *v.*

Voyez sen, sem

- sangsue, *s. f.*
- sanguinaire, *adj.*
- sanguinolent, *adj.*
- sans *ami, prép.*
- saphir, *s. m.*
- sarcophage, *s. m.*
- sarment, *s. m.*
- sarrazin, *blé, s. m.*
- sarreau, *s. m.*
- satiété, *s. f.*
- satisfait, *adj.*
- satyre, *être fabuleux, s. m.*
- sauce, *s. f.*
- saucisse, *s. f.*
- sauf, *f.* sauve, *adj.*
- sauge, *s. f.*
- saugrenu, *adj.*
- saule, *s. m.*

3680

- saumon, *s. m.*
- saupoudrer, *v.*
- saur (*hareng*), *adj.*
- saussaie, *s. f.*
- sauter *v.*
- sauvage, *adj.* et *s.*
- sauvageon, *s. m.*
- sauver, *v.*
- sbirre, *s. m.*
- scandale, *s. m.*
- scapulaire, *s. m.*
- scarabée, *s. m.*
- sceau, *cachet, s. m.*

Voyez sen, so, sc

SCÉ, SEM

- scélérat, *s. m.*
- sceller, *mettre le sceau*, *v.*
- scène *tragique*, *s. f.*
- sceptique, *s. m.*
- sceptre, *s. m.*
* schako, *s. m.*
- schelling, *s. m.*

3700
- schisme, *s. m.*
* schiste, *s. m.*
- sciatique, *adj. et s. f.*
- science, *s. f.*
- scier, *v.*
- scintiller, *v.*
* scion, *s. m.*
- scission, *s. f.*
- scolopendre, *s. f.*
- séance, *s. f.*
* seau, *vase*, *s. m.*
- secondaire, *adj.*
- secours, *s. m.*
- secrétaire, *s. m.*
- sédentaire, *adj.*
- sédiment, *s. m.*
- sédition, *s. f.*
- seigle, *s. m.*
- seigneur, *s. m.*
- sein *du corps*, *milieu*, *s. m.*

3720
- seing, *signature*, *s. m.*
- seize, *adj. num.*
- sel *de mer*, *s. m.*
- selle, *siége*, *s. f.*
- semaine, *s. f.*

Voyez sc, cé

SEM, SER

- semblable, *adj.*
- semence, *s. f.*
- séminaire, *s. m.*
- semis, *s. m.*
- semonce, *s. f.*
* sempiternel, *adj.*
- sénat, *s. m.*
** seneçon, *s. m.*
- sens, *sentiment*, *s. m.*
- sensible, *adj.*
- sentence, *s. f.*
* sentène *d'un écheveau*, *s. f.*
- sententieux, *adj.*
- sentier, *s. m.*

3740
- sentiment, *s. m.*
- sentine, *s. f.*
- sentinelle, *s. f.*
- sentir, *v.*
- sept, *adj. num.*
- septembre, *s. m.*
- septentrional, *adj.*
- séraphin, *s. m.*
- serein, *pur*, *adj.*
- serf, *esclave*, *s. m.*
- sergent, *s. m.*
- serment *solennel*, *s. m.*
- serpent, *s. m.*
- serpillière, *s. f.*
- serre *chaude*, *griffe*, *s. f.*
- serrement *de cœur*, *s. m.*
- serrer, *v.*
- serrure, *s. f.*

Voyez cen, san, cer

SER, SOM   SOM, SOU   61

- service, *s. m.*
- session, *séance*, *s. f.*
- ** shérif, *s. m.*

3760

- * sibylle, *s. f.*
- sifflet, *s. m.*
- signet, *s. m.*
- silence, *s. m.*
- silésie, *s. m.*
- sillon, *s. m.*
- ** simarre, *s. f.*
- sincère, *adj.*
- * siphon, *s. m.*
- sire, *titre*, *s. m.*
- sirène, *s. f.*
- sirop, *s. m.*
- site, *s. m.*
- six, *adj. num.*
- sixain, *s. m.*
- société, *s. f.*
- socque *articulé*, *s. m.*
- sœur, *s. f.*
- soif, *s. f.*
- soixante, *adj. num.*

3780

- solaire, *adj.*
- soldat, *s. m.*
- solécisme, *s. m.*
- solennel, *f.* solennelle, *adj.*
- solidaire, *adj.*
- solitaire, *adj. et s.*
- solliciter, *v.*
- solstice, *s. m.*
- sommaire, *s. m.*

- somme, *s. m. et f.*
- sommeil, *s. m.*
- sommer, *v.*
- * somnifère, *adj.*
- * somptuaire, *adj.*
- sonner, *v.*
- sonnet, *s. m.*
- ** sonnez, *au trictrac*, *s. m.*
- sonore, *adj.*
- sophiste, *s. m.*
- sorcier, *s. m.*

3800

- sort, *s. m.*
- sottise, *s. f.*
- * soubresaut, *s. m.*
- souci, *s. m.*
- soudain, *adj et adv.*
- souffler, *v.*
- souffrir, *v.*
- soufre, *s. m.*
- souhait, *s. m.*
- soûl, *ivre*, *adj.*
- soupçonner, *v.*
- soupente, *s. f.*
- source, *s. f.*
- sourcil, *s. m.*
- sourdaud, *adj.*
- souriceau, *s. m.*
- souricière, *s. f.*
- souris, *s. f.*
- soustraire, *v.*
- souterrain, *adj. et s.*

3820

- souverain, *adj. et s.*

Voy. seau, sei, sau, ci, sph sy

SPA, SUC

- spacieux, *adj.*
- ** spahi, *s. m.*
- * sparterie, *s. f.*
- spécieux, *adj.*
- * spécifier, *v.*
- spencer, *s. m.*
- sphère, *s. f.*
- sphinx, *s. m.*
- spleen, *s. m.*
- splendeur, *s. f.*
- squelette, *s. m.*
- squirre, *s. m.*
- stalle, *s. f.*
- statut, *règle, s. m.*
- stipendiaire, *adj. et s.*
- strophe, *s. f.*
- stupéfait, *adj.*
- style, *s. m.*
- stylet, *s. m.*

3840

- suaire, *linceul, s. m.*
- subséquent, *adj.*
- substantiel, *f.* substantielle, *adj.*
- substitut, *s. m.*
- subtil, *adj.*
- * subvention, *s. f.*
- succéder, *v.*
- succès, *s. m.*
- succession, *s. f.*
- succinct, *adj.*
- succion, *s. f.*
- succomber, *v.*
- succulent, *adj.*
- succursale, *s. f.*
- sucer, *v.*

SUC, SYM

- suçoter, *v.*
- sud, *s. m.*
- suffire, *v.*
- suffoquer, *v.*
- suffrage, *s. m.*

3860

- suicide, *s. m.*
- sujet, *s. m.*
- superficie, *s. f.*
- supplice, *s. m.*
- supporter, *v.*
- supprimer, *v.*
- suppurer, *v.*
- supputer, *v.*
- * suprématie, *s. f.*
- sûr, *certain, adj.*
- suranné, *adj.*
- surcroît, *s. m.*
- sureau, *plante, s. m.*
- sûreté, *s. f.*
- surface, *s. f.*
- surjet, *s. m.*
- suros, *maladie, s. m.*
- surplis, *s. m.*
- sursaut, *s. m.*
- surseoir, *v.*

3880

- sursis, *s. m.*
- sus (*en*), *adv.*
- susceptible, *adj.*
- suspect, *adj.*
- suspendre, *v.*
- suspens, *s. m.*
- ** suspicion, *s. f.*
- sympathie, *s. f.*

Voyez sim, sin

SYM, TAO — SYN, TEN

- symphonie, *s. f.*
- synagogue, *s. f.*
- syndic, *s. m.*
- * synode, *s. m.*
- synonyme, *s. m.*
- synoptique, *adj.*
- syntaxe, *s. f.*
- synthèse, *s. f.*
- système, *s. m.*

T

- tabac, *s. m.*
- * tabellion, *s. m.*
- ** tabis, *s. m.*

3900

- tableau, *s. m.*
- tablier, *s. m.*
- tâcher, *v.*
- * tachygraphe, *s. m.*
- * tacite, *adj.*
- taciturne, *adj.*
- tact, *s. m.*
- taffetas, *s. m.*
- taillis, *s. m.*
- tain *de la glace*, *s. m.*
- taire *un secret*, *v.*
- talent, *s. m.*
- talisman, *s. m.*
- talus, *s. m.*
- tamis, *s. m.*
- ** tanaisie, *s. f.*
- tancer, *v.*
- tandis *que*, *conj.*
- tanner, *v.*
- tant, *tellement*, *adv.*

3920

- tantôt, *adv.*
- taon, *mouche*, *s. m.*

Voyez ten, tem

- tapinois (*en*) *adv.*
- tapis, *s. m.*
- tapoter, *v.*
- tard, *adv.*
- * tarentule, *s. f.*
- tartufe, *s. m.*
- tatillonner, *v.*
- tâtons (*à*), *adv.*
- taudis, *s. m.*
- taupe, *animal*, *s. f.*
- taureau, *s. m.*
- ** tautologie, *s. f.*
- taux, *taxe*, *s. m.*
- technique, *adj.*
- teigne, *s. f.*
- teindre, *v.*
- télégraphe, *s. m.*
- * tellière, *s. f.*

3940

- téméraire, *adj.*
- tempe, *s. f.*
- tempérer, *v.*
- tempête, *s. f.*
- temple, *s. m.*
- * templier, *s. m.*
- temps, *durée*, *s. m.*
- tenace, *adj.*

Voyez tan, thé

. tendre, *adj. et v.*
. tension, *s. f.*
. tente *de toile*, *s. f.*
. tenter, *v.*
* tercet, *s. m.*
. térébenthine, *s. f.*
* térébinthe, *s. m.*
. terrain, *s. m.*
. terrasse, *s. f.*
. terre, *limon*, *s. f.*
. terreur, *s. f.*
. terrine, *s. f.*

3960

. territoire, *s. m.*
** testacé, *adj.*
. testamentaire, *adj.*
têt, *morceau cassé*, *s. m.*
têtard, *s. m.*
** thaumaturge, *adj.*
. thé, *s. m.*
. théâtre, *s. m.*
. théière, *s. f.*
théisme, *s. m.*
. thême, *s. m.*
théologie, *s. f.*
théorique, *adj.*
thériaque, *s. f.*
. thermomètre, *s. m.*
thésauriser, *v.*
. thèse, *s. f.*
thon, *poisson*, *s. m.*
* thorax, *s. m.*
** thuriféraire, *s. m.*

3980

thym, *plante*, *s. m.*
Voyez tai

thyrse, *s. m.*
.´ tierce, *s. f. et adj.*
. tiers, *s. m. et adj.*
. tilbury, *s. m.*
* timonier, *s. m.*
. tintamarre, *s. m.*
. tire-lire, *s. f.*
. tisane, *s. f.*
. tisserand, *s. m.*
. tocsin, *s. m.*
. toit, *couverture*, *s. m.*
. tôle, *s. f.*
. tombeau, *s. m.*
. tombereau, *s. m.*
. tome, *s. m.*
. tonneau, *s. m.*
. tonnerre, *s. m.*
. topaze, *s. f.*
. torrent, *s. m.*

4000

. torticolis, *s. m.*
. tôt *ou tard*, *adv.*
. touffe, *s. f.*
. toujours, *adv.*
. tourmenter, *v.*
. tournesol, *s. m.*
tournois (*livre*), *adj.*
. tourterelle, *s. f.*
. toux, *rhume*, *s. f.*
. tracas, *s. m.*
. tracer, *v.*
. trahir, *v.*
. train, *s. m.*
. traîner, *v.*
. traire, *v.*
. trait *délicat*, *s. m.*
Voyez ta, tai, th, ty

TRAI, ULT

- traiter, *v.*
- traître, *s. et adj.*
- trajet, *s. m.*
- tranquille, *adj.*

4020

transcendant, *adj.*
- transe, *s. f.*
- transi, *adj.*
transit, *s. m.*
- transparence, *s. f.*
- transsubstantiation, *s. f.*
* trapèze, *s. m.*
- trappe, *s. f.*
* traquenard, *s. m.*
- treillis, *s. m.*
- treize, *adj. num.*
- trembler, *v.*
tremblotter, *v.*
- tremper, *v.*
- trente, *adj. num.*
- trépied, *s. m.*
- tréteau, *s. m.*
tribu, *peuplade, s. f.*

TRI, UST

- tribut *qu'on paye*, *s. m.*
- tricoter, *v.*

4040

trident, *s. m.*
- triomphe, *s. m. et f.*
* triumvir, *s. m.*
- tronc, *s. m.*
- tronçon, *s. m.*
- trône, *s. m.*
- trop, *adv.*
- trophée, *s. m.*
- trotter, *v.*
- truffe, *s. f.*
- tulle, *s. m.*
- turbot, *s. m.*
- tutélaire, *adj.*
- turbulent, *adj.*
- tuyau, *s. m.*
- tympan, *s. m.*
- tympanon, *s. m.*
* type, *s. m.*
** typographe, *s. m.*
- tyran, *s. m.*

U

4060

* ukase, *s. m.*
- ulcère, *s. m.*
* ultimatum, *s. m.*
ultramontain, *adj.*
Voyez trai, hu

** unau, *s. m.*
- univers, *s. m.*
** ure, *taureau, s. m.*
- urgent, *adj.*
- ustensile, *s. m.*
Voyez tra, hu

V

. vaccine, *s. f.*
. vacher, *s. m.*
. vaciller, *v.*
. vain, *orgueilleux, frivole, adj.*
. vaincre, *v.*
. vaisseau, *s. m.*
. vaisselle, *s. f.*
. vallée, *s. f.*
. valse, *s. f.*
vampire, *s. m.*
vanneau, *s. m.*

4080

vanner, *v.*
. vannier, *s. m.*
* varice, *s. f.*
. vasistas, *s. m.*
vau l'eau (à), *adv.*
. vaudeville, *s. m.*
. vaurien, *s. m.*
. vautour, *s. m.*
.. vautrer, *v.*
** vayvode, *s. m.*
. veau, *s. m.*
. véhément, *adj.*
* véhicule, *s. m.*
. veine, *canal du sang, s. f.*
. vélocifère, *s. m.*
. velours, *s. m.*
. venaison, *s. f.*
. vendange, *s. f.*
. vendre, *v.*
Voyez vo, ven

. vendredi, *s. m.*

4100

. vengeance, *s. f.*
. vent, *air agité, s. m.*
. ventre, *s. m.*
. vêpres, *s. f. pl.*
. ver, *insecte, s. m.*
** vergeure, *s. f.*
. verglas, *s. m.*
. verjus, *s. m.*
. vermicelle, *s. m.*
. vermisseau, *s. m.*
. vernis, *s. m.*
* verrat, *s. m.*
. verre *fragile, s. m.*
verroterie, *s. f.*
. verrou, *s. m.*
. verrue, *s. f.*
. vers *d'un poète, s. m.*
. verser, *v.*
vertigo, *s. m.*
. vertu, *s. f.*

4120

verveine, *s. f.*
vesce, *graine, s. f.*
. vésicatoire, *s. m.*
. vestiaire, *s. m.*
. vêtement, *s. m.*
* veule, *adj.*
. vice, *défaut, s. m.*
. vice-roi, *s. m.*
. vicissitude, *s. f.*

* vicinal, *adj.*
- vicomte, *s. m.*
- vieillard, *s. m.*
- vieillesse, *s. f.*
- vil, *abject, adj.*
- vilenie, *s. f.*
- vilipender, *v.*
- villageois, *adj. et s.*
- ville *habitée*, *s. f.*
- vinaigre, *s. m.*
- vingt, *nombre, adj. num.*

4140

- violat (*sirop*), *adj. m.*
- violent, *adj.*
- violoncelle, *s. m.*
- vire-volte, *s. f.*
- viril, *adj.*
- virulent, *adj.*
- virus, *s. m.*
- vis, *pour visser, s. m.*
* visa, *s. m.*
* viscère, *s. m.*
- visionnaire, *s. m.*

* vitrescible, *adj.*
- vivace, *adj.*
- vivipare, *adj.*
- vivoter, *v.*
- vizir, *s. m.*
- vocabulaire, *s. m.*
* vociférer, *v.*
- vœu, *s. m.*
- voici, *abréviation de vois-ici.*

4160

- voix, *son, s. f.*
- volatil, *adj.*
- volatile, *s. f.*
- volontaire, *s. et adj.*
- volontiers, *adv.*
- vorace, *adj.*
- vôtre (*le*), *pron.*
- vérité, *s. f.*
- vrai, *adj.*
- vraisemblable, *adj.*
- vulgaire, *adj.*
- vulnéraire, *adj.*
- wisk, *s. m.*
* wiski, *s. m.*

Y

* yacht, *s. m.*
- yeuse, *s. f.*

- yeux, *s. m. pl.*
* ypréau, *s. m.*

Voyez vau, vic

Z

zèle, *s. m.*
zénith, *s. m.*

4180

zéphyr, *vent doux, s. m.*
zest! *exclam.*

zeste, *s. m.*
zig-zag, *s. m.*
zibeline, *s. f.*
zizanie, *s. f.*
zodiaque, *s. m.*
zone, *s. f.*
†zoophyte, *s. m*

FIN.

www.ingramcontent.com/pod-product-compliance
Lightning Source LLC
LaVergne TN
LVIIW051500090426
835512LV00010B/2262